Die Zukunft deiner Kinder

Die Langzeitstudie des 2b AHEAD Think Tanks

N° 1

MICHAEL CARL / FLORINA SPETH

1. Auflage 2018
Carl, Michael; Speth, Florina
Copyright © 2018 2b AHEAD Think Tank GmbH,
Spinnereistraße 7 | Halle 20, 04179 Leipzig

Umschlaggestaltung, Illustration: Oliver Brückmann
Druck: BOOKS on DEMAND, Norderstedt
All rights reserved.

ISBN-13: 978-3-947590-01-8
ISBN E-Book: 978-3-947590-02-5

INHALT

PROLOG

Wir möchten Ihnen Zukunft vorstellen, die der nächsten hundert Jahre. Genauer: Die möglichen Zukünfte der nächsten hundert Jahre, in Gestalt von zehn Kindern. Die zehn Kinder haben mehreres gemeinsam: Sie alle sind im Jahr 2015 geboren. Und sie werden mit hoher Wahrscheinlichkeit mehr als hundert Jahre leben. Sie werden eine großartige Zukunft haben. Sie werden lachen und weinen, lernen und lieben. Sie werden fallen und wieder aufstehen, neuen Herausforderungen gegenüberstehen und diese meistern. Sie werden eine Zukunft erleben, die sie für sich selbst und die wir für uns alle gestalten.

In zwanzig Zukunftsgeschichten begleiten wir die zehn Kinder zu zwei Zeitpunkten ihres Lebens, in mögliche Welten ihres Lebens. Damit bieten wir Ihnen einen ersten Einblick in die laufende Forschung der Langzeitstudie „Die Zukunft deiner Kinder". Dieses international einzigartige Projekt erschließt die Dimension eines Jahrhunderts und ist auf eine kontinuierliche Fortschreibung angelegt: Der 2b AHEAD ThinkTank wird von nun an in jedem Jahr die Zukünfte unserer zehn Kinder weiter erforschen und darlegen, Positionen und Einschätzungen erweitern, überprüfen, verschärfen oder revidieren.

Die Zukunftsgeschichten basieren auf wissenschaftlichem Vorgehen. Wir nutzen die Trendcyclemethode, Delphi-Methode und Szenariotechnik, um unterschiedliche Zukunftsbilder zu entwickeln. Unterschiedlich, da die Zukunft noch nicht geschehen ist, und wir dadurch die Gestaltbarkeit und Vielfalt verdeutlichen. In intensiven Diskussionen mit Experten und Akteuren, die selbst einen prägenden Einfluss auf diese Zukünfte haben, sind sehr viele Kräfte und Faktoren deutlich geworden, die Zukunft in den kommenden hundert Jahren formen werden. Diese haben wir zu Szenarien verdichtet, zu möglichem Erleben unserer zehn Kinder im Laufe ihres Lebens.

Lassen wir uns von der Zukunft erschrecken. Der Schreck als solcher ist der kurze Moment, mit dem unsere Körper auf Unbekanntes und Unerwartetes reagieren. Wir atmen ruckartig ein, zucken zusammen, verhärten den Nacken, schütten Adrenalin aus, manch einer gibt einen Schrei von sich. Ohne dieses Reaktionsmuster hätte sich Homo Sapiens in der Evolution nicht durchsetzen können. Wer sich vor einem hungrigen Löwen in freier Wildbahn erschrecken kann, schärft und fokussiert seine Sinneswahrnehmung, läuft bedeutend schneller. Der Schreck weckt uns und sichert unser Überleben. Er versetzt uns in die Lage, Zugriff auf neue Kräfte in uns zu gewinnen und die eigene Zukunft zu gestalten.

Natürlich: Kaum ein Mensch lässt sich noch in der Savanne vom Löwen erschrecken. Wir haben gelernt, die Entwicklungen in der Savanne vorherzusagen, zu planen und solchen Situationen geschickt aus dem Weg zu gehen. Unser predictive brain erspart uns überraschende Begegnungen mit hungrigen Löwen. Für die zehn Kinder des Jahres 2015 werden freilebende Raubkatzen nicht mehr zu den entscheidenden Herausforderungen gehören. Sie werden anderen Dynamiken und Faktoren begegnen und sie kombinieren müssen. Auch wir, ihre Eltern, Lehrer und Ärzte, Politiker und Unternehmer, Forscher und Manager stehen vor dieser Aufgabe.

Unser Ziel ist es, unser Vorstellungsvermögen über die Zukunft zu erweitern, um uns an möglichen Entwicklungen und Veränderungen zu reiben. Die entwickelten Zukunftsbilder erheben in diesem Sinne keinen Anspruch auf Wahrheit. Sie öffnen uns wertvolle Denkräume, in denen wir uns über Kommendes austauschen und geistig auseinandersetzen können, zukunftsrelevante Fragen erkennen und Handlungsbedarf verstehen.

Viel zu oft, so unser Eindruck als Zukunftsforscher, wenden wir unseren Blick zurück. Gesellschaftlich verfügen wir über geübte Routinen, uns an den Mustern der Vergangenheit zu orientieren. Unser Belohnungssystem ist darauf ausgerichtet, uns zu belohnen, wenn wir Muster erkennen. Wir möchten hierzu die Zukunft ins Gespräch bringen, wollen die Gegenwart von der Zukunft her erschließen und den vermeintlich sicheren Rahmen der Wiederholung verlassen. Wir möchten dazu anregen, neue Muster zu entwickeln und einen aktiven Dialog über unsere Zukunft anstoßen.

2020, LEIPZIG: EMILIA

Emilia ist fünf Jahre alt. Es ist Montag, der 2. November 2020, kurz vor 6 Uhr. Emilia liegt in ihrem Kinderbett und ist hellwach.

Was bisher geschah:

Virtual- und Augmented-Reality-Spielzeuge sind Alltag im Kinderzimmer. Unter Eltern ist Datenschutz ein präsentes Thema. Unternehmen können sich durch einen transparenten Umgang mit Daten positionieren.

Aufgeregt erwacht Emilia aus ihren Träumen. „Heute kann ich meinem Traumtagebuch viel erzählen", denkt die Fünfjährige. Ihr Blick wandert nach links an die Wand. Der kleine leuchtende Stern namens Starle, wartet mit freundlichen schwarzen Augen an gewohnter Stelle: „Guten Morgen Emilia!" Emilia lächelt. Ihr sternförmiges und sprechendes Traumtagebuch Starle ist auch heute der Erste, der sie im neuen Tag begrüßt. Sie schlägt die Decke beiseite, greift nach der schwarzen Weltenbaubrille, setzt sie auf und tippt Starle an. Die Brille aktiviert sich. Starle fragt: „Was hast du heute geträumt? Erzähle und zeig es mir, Emilia." Emilia wählt im Menü verschiedene Elemente aus. Es sind vertraute Elemente. Sie kamen schon in ihren früheren Träumen vor: Ein Küchentisch, eine Lampe, zwei Figuren und Flügel. Emilia beginnt, ihren Traum nachzubauen. „Welche Farbe haben die Wände?" Starle fragt alle Objekte nach Aussehen und Position ab. In der Weltenbaubrille wird das Zimmer aus dem Traum auf dem unteren Ende ihrer Bettdecke sichtbar. Im Traum war Emilias Freundin Lana bei ihr. Beide waren auf den Küchentisch geklettert, mit großen, bunten Federflügeln. Sie hatten die Arme ausgebreitet und waren im Raum umhergesegelt. Fast wie echte Vögel. „Wie schnell seid ihr geflogen?", fragt Starle. Emilia hebt die Hände in den Sichtbereich der Brille. Sie schiebt die Figuren vom Küchentisch in die Luft und lässt sie kreisen. Fast ist sie fertig und ruft stolz: „Play". Jetzt kann sie den schönsten Teil ihres Traums bestaunen. Um genau zu sein: Den Teil, an den sie sich am besten erinnert.

Auf ihrer Bettdecke tanzen in schneller Abfolge die Erlebnisse der Nacht. „Welchen Teil des Traums möchtest Du als Bild speichern?", fragt Starle. Die Traumsequenz läuft langsam von Standbild zu Standbild. Emilia hebt die Hand an der Stelle, die ihr am besten gefällt. Es ist der Moment, in dem Lana und Emilia die Flügel weit ausbreiten und losfliegen. Jeden Morgen wählt sie einen Moment aus, den sie sich bewahren will. Ein Bild pro Traum. So kann Emilia sich im Traumtagebuch jederzeit alte Träume ansehen. Erinnerungen werden wieder lebendig. Emilia ist fast ein bisschen süchtig nach ihren Träumen.

„Fertig!", ruft Emilia laut in Richtung Flur. Sie lässt die Weltenbaubrille auf ihrem Kissen liegen und stürmt aus dem Bett in Richtung Küche. Fast hätte sie dabei Alexa umgestoßen. Wie jeden Morgen! Der gute Hausgeist steht ihr immer im Weg. „Mistbirne", schimpft sie das kleine, runde Ding an. „Guten Morgen, Emilia. Dieses Wort kenne ich nicht. Könntest du das bitte wiederholen?", entgegnet ihr Alexa. „Dummes Ding. Bist du langsam", denkt Emilia. „Mist-bir-ne", wiederholt sie laut. „Das ist aber kein schönes …", den Rest des Satzes hört Emilia nicht mehr. Sie nimmt bereits Anlauf auf die weit ausgebreiteten Arme: „Stell dir vor, ich bin heute geflogen! Vom Küchentisch aus." Ihre Mutter Mareike lacht laut auf und drückt ihre Tochter feste. Das Frühstück wartet bereits mit bunten Müslischalen und frischen Früchten. Emilia löffelt hastig ihre rosa Cornflakes. Seit die Traumwoche in der Kita ist, kann sie es kaum erwarten dorthin zu starten. „Iss in Ruhe, Emilia. So eilig haben wir es auch nicht. Wenn Du fertig bist, packst du bitte noch dein Traumtagebuch ein. Aber das hättest du ja bestimmt nicht vergessen, so aufgeregt wie du schon wieder bist?" Mareike zwinkert ihrer Tochter zu. Emilia beendet das Cornflakesmassaker und flitzt direkt los, um ihre Sachen für den Tag einzusammeln.

Sie nimmt ihren Starle von der Wand und packt ihn mitsamt der Weltenbaubrille ein, sucht nach Kabel und Ladegerät. Auf ihrer Tasche prangt ein riesiger gelben Haken. Was Emilia nicht weiß: Es ist das neue Gütesiegel für interaktive Spielzeuge. Der Haken bescheinigt ihrer Brille sensibel mit Kinderdaten umzugehen. Emilias Mutter ist davon total begeistert. Vor drei Wochen hatte es in der Kita einen Infoabend zum Thema Kinderdatenschutz gegeben. Eine Frau hatte über zwei Stunden sowohl den Kindern als auch den Eltern erklärt, wie man seine Daten in der Familie managen und sich digital selbst verteidigen kann. „Digital Self Defense" nannte sich das. Dicht gedrängt saßen Eltern und Kinder auf den kleinen Stühlen. In der Kita gelten jetzt neue Regeln für die Kinder: „Du sollst mich nicht fotografieren." Dort hatte Mareike auch von dem Gütesiegel erfahren. Ihr Mann hatte sie abends ausgelacht. Altmodisch und rückwärts gerichtet sei sie. Dass sie nun Emilias liebste Spielsachen aussortiert. Er sei eben ahnungslos, hält Mareike ihm entgegen und räumt sogar den geliebten Hausgeist Alexa aus dem Kinderzimmer in den Gang.

Auf der Fahrt zur Kita hält es Emilia kaum im Kindersitz. Durch die großen Glasfenster der Eingangstür entdeckt sie ihre Freundin. „Laanaa!", Emilia stürmt auf Lana zu und legt los: „Ich habe Starle dabei, wo ist deine Moon? So witzig, du warst heute in meinem Traum dabei. Lass uns Starle mit Moon verbinden. Ich zeig dir, wo wir waren. Wir hatten riesige Flügel und sind durch die Küche geflogen. Richtig…"

Mareike bleibt stehen und freut sich über ihre Tochter, die mit Lana schon in den Traumwelten versunken ist. Es ist schön zu sehen, wie vertraut die beiden sind. Sogar ihre Träume können sie teilen. Das Traumtagebuch ist eine eindrucksvolle Sache, findet sie. Emilia zeigt auch ihr oft und ziemlich stolz die Ausschnitte aus ihren Träumen. Das wird mit dem Alter sicher nachlassen. Mareike schmunzelt. Sie selbst erinnert sich an ihr eigenes Tagebuch mit Schloss. Nach ihrem ersten Kuss hatte sie es sorgfältig vor ihrer Mutter versteckt. Was darin genau stand, weiß sie längst nicht mehr. Emilia wird sich nicht nur besser an ihre Träume, sondern auch an ihre ganze Kindheit erinnern können. „Überfordert sich Emilia nicht auch damit? Jedes Monster, jede Angst, alles aus den Träumen bleibt."

Gerade als sie anfängt, sich in Gedanken zu verlieren, bemerkt Mareike Emilias Kinderbegleiter Thomas neben sich. „Die Traumwoche in der Kita ist eine wirklich schöne Idee", sagt sie und bewegt sich in Richtung der Tür. Sie schmunzelt nochmal, denn an der Tür hängt ein Plakat mit vielen kleinen Daumenabdrücken der Kitakinder. In der Mitte, in der Handschrift des Praktikanten, ein

Spruch: „Die Zukunft gehört denen, die an die Wahrhaftigkeit ihrer Träume glauben. Eleanor Roosvelt.“

2024, ASCHAU: DAVID

David ist neun Jahre alt. Es ist Montag, der 5. Mai 2024 am Nachmittag. David nimmt mit seinen Eltern an einem Beratungsgespräch über genetische Optimierung teil.

Was bisher geschah:

Medizin hat sich von Rehabilitation über Prävention hin zu Selektion und Optimierung entwickelt. Eine genetisch ungünstige Veranlagung kann frühzeitig erkannt und aktiv unterdrückt werden, günstiges Erbmaterial wird geboostet. Bildungssysteme richten sich entsprechend neu aus: Das Individuum wird auf Basis von körperlich-kognitiven Potentialen mittels personalisierter Optimierung gezielt gefördert. Intelligente Assistenzsysteme haben sich im Alltag breitbandig etabliert.

Der Kaffee seiner Mutter ist schon lange kalt geworden. Krümel liegen ausschließlich um Davids Teller herum. Zum Glück ist die Tischdecke heute rot-weiß kariert. Rot-weiße Karos bieten Davids Krümelstraßen eine gute Tarnung, nicht jedoch seiner persönlichen künstlichen Intelligenz Kassandra. Diese leuchtet grell im Display. Genau deswegen musste sie direkt zu Beginn des Gesprächs vom Tisch. „Also ich weiß ja wirklich nicht, Andreas. Glaubst du nicht, dass ihm das langfristig mehr schadet? Da verliert man doch seine gemeinsamen Wurzeln, auch innerhalb der Familie. Und ich finde, es fühlt sich falsch an, der Natur ins Handwerk zu pfuschen. David ist ein wundervoller Junge, er entwickelt sich prächtig und steht bereits jetzt - auch ohne solchen Quatsch - auf eigenen Beinen. Wie toll er Cello spielt, wie viele Freunde er hat. Er ist in der Schule unter den Besten.“

Manchmal findet er seine Mutter wirklich peinlich. David verdreht die Augen und formt aus den Krümelstraßen kleine Kreise. Seit einigen Minuten läuft das Virtual Reality-Meeting. „Meine Mutter ist so von gestern“, findet David. Ganz anders als Herr Pauli, der Berater vom Egokosmos-Scan. Kassandra blinkt in Davids Hosentasche leise vor sich hin. Jedes Mal, wenn es wichtig wird, soll er Kassandra verschwinden lassen. Seine Mutter hat echt keine Ahnung. Die Krümelkreise formieren sich zu Kratern. David beißt sich auf die Lippe. Er muss diesen Test unbedingt machen dürfen. Kassandra hat ihm die möglichen Folgen wirklich mehr als schmackhaft gemacht. Er könnte zu den absoluten Gewinnern in seiner Klasse gehören. Und das Tollste daran: Dafür müsste er sich nicht mal richtig anstrengen.

David vertraut Kassandra. Sie hatte ihm schon mal mit einer einfachen Austrickstechnik zum Erfolg verholfen. Am Cello. Er hat nicht mal die Hälfte der Zeit geübt und konnte das Stück schon auswendig. Seine schöne Cellolehrerin war richtig beeindruckt. Sie hatte keine Ahnung, wie er das so plötzlich hinbekam. „Talent!“, war ihre Antwort. Und: „...ein großer Entwicklungsschritt.“ Sie lobt David seitdem immer in den Himmel. David will mehr aus der Trickkiste der modernen Welt. Wenn er groß ist und selbst mal Kinder hat, wird er sich einzig und allein auf Kassandra verlassen. Die kann das alles so viel besser einschätzen als seine Eltern. Sie argumentiert nämlich mit „Hard Facts“ und nicht mit der kleinen Schwester der Angst, der Sorge. Kassandra kennt keine Sorgen, nur Lösungen. David weiß genau, hört er auf Kassandra und darf er den Test machen, kann er ganz vorne mit dabei sein. Wären da nicht die Eltern. Sie machen ihn mit ihren ständigen Einwänden noch zum Schlusslicht der Zivilisation.

„Schauen Sie, Frau Schäfer!“, setzt Herr Pauli an, „Der Test hilft uns, gemeinsam eine sinnvolle Entscheidung für Davids Weiterentwicklung zu treffen. Früher gab es einen Eignungstest, um sich für eine bestimmte Schulform zu qualifizieren. Heute ist das anders. Die Fähigkeiten der Schüler werden an die Ansprüche der Schule angepasst. Man erzeugt Talente und Fähigkeiten, die die Schule erfordert.“ Davids Mutter macht mürrisch einige Notizen. „Wir konzentrieren uns auf zwei Säulen: Gesundheit und Kognition. Beide Säulen sind gleich wichtig, um den Heranwachsenden angemessen zu fördern. Bei Säule 1, Gesundheit, entwickeln wir eine passgenaue Strategie, die Davids Vitalität kontinuierlich optimiert. Zu allererst führen wir einen Genscreen durch. Die Ergebnisse ermöglichen es uns, den perfekten Nutrition-Fitness-Balance-

Cycle zu erarbeiten. Der Cycle richtet sich an genetischer Veranlagung und Alltagsanforderungen aus. Kombiniert mit Physiodaten, täglich aufs Neue, täglich genial. Das Ergebnis ist ein durchweg gesunder und ausgeglichener David, der gut lernen kann und hochmotiviert ist. Noch wichtiger, der Genscreen erkennt erblich bedingte Veranlagungen für schwere Krankheiten: Krebsrisiko, neurodegenerative Erkrankungen und Ähnliches. Sobald die Veranlagungen bekannt sind, kann diesen proaktiv und kontinuierlich vorgebeugt werden. Dies fließt selbstverständlich mit in den Nutrition-Fitness-Balance-Cycle ein. Es wäre verantwortungslos, diese Möglichkeit nicht zu nutzen."

Hanna ist entsetzt. Sie kaut auf dem Stift herum, um Herrn Pauli nicht ins Wort zu fallen. Dann ist es auch schneller vorbei. Es soll vorbei sein dieses Gespräch. „Bei Säule 2, Kognition, ist das Folgendermaßen: Wir testen das gesamte kognitive Spektrum. So erkennen wir, welche Fähigkeiten bereits besonders ausgebildet sind. Bei einem Alter von 10 Jahren sind interessante Grundbausteine schon angelegt. Etwas gut zu können, das reicht heute nicht mehr aus. Talent ist gefragt. Wir bei Egokosmos-Scan wissen: Jeder hat Talent. Es gilt dieses nur zu erkennen. Heute übersieht man eine Anlage für besondere Fähigkeiten nicht mehr. Man kann sie verstärken und sogar erzeugen. Nehmen wir mal das Beispiel Sprache. Ist ein Kind zweisprachig aufgewachsen, ist das Gehirnareal für Sprache – im Vergleich zu dem anderer Kinder, die einsprachig aufgewachsen sind – bedeutend ausgeprägter. Setzt man frühzeitig mit der Stimulation der Sprachverarbeitungsareale an, kann der maximale Boost erreicht werden: Das Kind kann fast im Vorbeigehen an einer Fremdsprache zum... David spielt Cello?"

Hanna beißt auf den Stift und richtet ihren Blick fordernd bis drohend auf ihren Mann aus. David übersieht sie dabei absichtlich. Wenn er jetzt auch noch seine Kassandra rauszieht, dann gibt es echt Ärger. Sie hätten sich besser ohne den Sohnemann mit Herrn Pauli verabreden sollen. Herr Pauli stellt sie vor David und ihrem Mann als altmodisch bloß. Bezeichnet er sie indirekt sogar als fahrlässig? Unmöglich, nein, sogar frech. Herr Pauli hat sicher keine eigenen Kinder.

„Wenn sie den Test ablehnen, wird sich das wirklich ungünstig auf Davids Leben auswirken." Herr Pauli wird noch intensiver: „Es wirkt sich nicht nur auf sein Leben negativ aus, sondern auch auf ihres, wenn ich mir die Bemerkung erlauben darf. Sehen Sie sich auf den Straßen um! Wie viele Rentner sind als Flaschensammler unterwegs? Das ist nur die Vorhut. Denken sie zwanzig Jahre nach vorne. Ihre Rente wird nicht mehr aus staatlichen Geldern gestemmt werden. Der Nachwuchs fehlt und unsere Gesellschaft überaltert. Es wird bereits diskutiert, ob man anstelle von Kindergeld an Eltern, Elterngeld an Kinder zahlen muss. Sehen Sie doch hin! Wer Kinder hat, mutet diesen eine moralische Bürde zu. Sie müssen sich jetzt schon damit auseinandersetzen, wie sie den Altersunterhalt ihrer Eltern bestreiten sollen. Kein Wunder, dass sich Kinder mit 18 oft harsch von der Familie abwenden. Wollen Sie für David, dass er sein Gehalt für ihre Rente ausgeben muss? Für ihn selbst bleibt dann nicht mehr viel übrig. Insbesondere, wenn er nicht mit den Fähigkeiten anderer mithalten kann….Reichen Sie doch David und sich selbst die Hand!"

Herr Pauli wendet sich David zu: „Was hält denn eigentlich David selbst von dem Test? Mein Eindruck ist, er möchte daran teilnehmen. Oder was meinst du, David?" Hanna schnappt nach Luft, während David sein Stichwort erkennt: „Ja klar! Ich will das unbedingt machen", platzt er sofort heraus. Herr Pauli nickt. Der ist voll auf seiner Seite. Bingo. Er ist modern. Wirklich modern. Im Gegensatz zu seiner nervigen Mutter. Und Papa sagt mal wieder gar nichts. Kassandra hatte ihm bereits mehrmals erklärt, dass Erwachsene sich gegenüber neuen Dingen oft versperren. Der Grund sei, laut Kassandra, dass sie Angst vor Veränderung haben. Sie hatte ihm geraten, wenn Sperrsituationen auftreten, solle David so tun, als höre er zu und er solle der Person Zeit geben. Zeit könne helfen, dass die Angst dann schmilzt. Kassandra nervt auch ein bisschen, wenn sie mit sowas ankommt. Wenigstens kann man die dann, im Gegensatz zu seiner Mutter, aber ausschalten. Auf jeden Fall ist der Berater echt 100 Prozent auf seiner Seite. „Bei Marius kam im Test raus, dass er ab 40 ziemlich sicher Krebs kriegt. Irre, oder? Der sieht doch voll gesund aus? Das konnte man jetzt auch einfach abschalten. Total cool! Und außerdem war Marius die absolute Leseschnecke. Das ist jetzt weg."

Davids Vater greift nach Hannas Hand. Er will sie beruhigen.

Er weiß, in diesem Setting kann sie sich kaum noch für neue Gedanken öffnen. Herr Pauli hat den Bogen klar überspannt. „Mir geht es um Folgendes Hanna.“, meldet er sich zu Wort, „Ich will das Beste für Davids Zukunft.“ „Na endlich“, denkt David. Da hat er sich ja mal wieder viel Zeit gelassen. Oder er hat Angst vor den Tiraden, die Mama und er in letzter Zeit andauernd haben. „Was heißt hier - ich -?! Wir wollen ja wohl beide das Beste für Davids Zukunft. Oder möchtest Du mir jetzt unterstellen, ich wolle etwas anderes?!“ Davids Mutter schießen Wuttränen in die Augen. Die Streitereien seiner Eltern nerven David. Kassandra sagt, die seien normal. Umso älter David werde, desto häufiger. Diese müssen sich nicht immer zwischen ihm und seinen Eltern abspielen, sondern können auch nur zwischen Mutter und Vater ablaufen. Früher habe er dies einfach noch nicht so mitbekommen. Weise Kassandra.

„Natürlich wollen wir beide das Beste für David. Lass uns doch nochmal die Lage betrachten: Die Zeit, in der David aufwächst, erfordert andere Dinge als noch bei uns. Wir beide sind uns ja wohl einig, gesund soll er sein und lange leben auch. Bei der Gesundheitsfrage gibt es in meinen Augen nichts zu diskutieren. Der Genscreen wird gemacht. Denk an Tante Claire, denk an Opa, beide hatten Krebs.“ Tränen rollen über Hannas Gesicht. Sie findet ihren Mann pietätlos. „Versteh mich nicht falsch Hanna, ich habe dir gut zugehört. Ich verstehe deine Angst vor einem zu großen Abstand von der Natur. Das ist total nachvollziehbar. Aber hier geht es doch nicht um eine negative Veränderung, die Davids Persönlichkeit von seinem Kern entfernt. Ganz im Gegenteil. Wir können David helfen seinen eigenen Verstärker zu finden. Einen Amplifier für das, was er ohnehin schon hat. Ja, und mit Davids Talent, es ist doch jetzt schon da. Er ist so begabt. Geben wir ihm ein bisschen mehr Unterstützung, wird er sicher ein herausragender Cellist. Musik ist für das gesamte Gehirn unfassbar gut. Mozarteffekt!“ Sein Vater streicht beschwichtigend über den Unterarm seiner Mutter.

Eine extrem unangenehme Stimmung hängt im Raum. Herr Pauli weiß, dass es noch zwei weiterer Termine bedarf bis die Entscheidung gefällt ist. Erste Sitzung: forsch und provokant. Er kennt die notwendige Dramaturgie. Er schlägt zwei Termine für Folgegespräche vor, die er schon vor dem Gespräch in seinem Kalender geblockt hat. David trollt sich in sein Zimmer, holt Kassandra aus der Tasche. „Geduld“, leuchtet auf ihrem Display.

2025, KÖLN: MIRA

Mira ist 10 Jahre alt. Es ist der 31. Dezember 2025, ein Mittwoch, der Abend der Silvesternacht. Mira feiert mit ihrer Familie zuhause in Köln.

Was bisher geschah:

Augmentierte und virtuelle Realität wird gezielt zur Erzeugung neuer Bedürfnisse genutzt. Die Technologien wurden in ihrer Anwendung mittels interaktiver Kontaktlinsen, holographischer Oberflächen erweitert und werden oft in Gruppensettings genutzt. Mobilität läuft nahtlos. Digitale Währungen sind etabliertes Zahlungsmittel.

Noch drei Stunden und fünfzehn Minuten. Alle fünf Minuten sieht Mira ungeduldig auf die Uhr. Heute feiert sie das elfte Mal in ihrem Leben Silvester. Mira ist aufgeregt und fiebert der Jahreswende 2026 entgegen. Die ganze Familie, Mutter Johanna, Vater Alex, Oma Gerlind und Tochter Mira, ist zum Feiern zusammengekommen und sitzt am festlich geschmückten Tisch. Oma Gerlind ist sogar extra aus dem Spreewald angereist. „Wer möchte noch?" Miras Mutter schaut fordernd mit der Kelle in der Hand in die Runde. Die Stimmung ist noch etwas gedrückt. „Wenn die Unterhaltung nicht in Gang kommen will, essen wir eben", murmelt sie vor sich hin. Der Weihnachtsstreit zwischen Schwiegertochter und Oma Gerlind schwelt noch. Oma Gerlind will immer und um jeden Preis bei der Familie sein. Ständig schaltet sie sich virtuell zu. Mira und ihren Vater Alex stört das nicht. Johanna ist davon ziemlich genervt. Entweder man ist richtig dabei oder nicht. Oma Gerlind war über Weihnachten bei Onkel Peer und hatte ständig versucht sich zu verbinden. Während des Essens, vor der Bescherung und als die Geschenke ausgepackt wurden. Johanna hatte nach dem Auspacken einfach alle Geräte offline geschaltet. Oma Gerlind fühlte sich dadurch vor den Kopf gestoßen. Vor dem Essen haben die beiden kurz darüber gesprochen, doch zu einer gemeinsamen Lösung sind sie nicht gekommen. Beide reißen sich demonstrativ zusammen, aber wieder liegen alle digitalen Assistenzen auf dem Tisch.

Um die angespannte Stimmung aufzulockern, fragt Oma Gerlind ihre Enkelin, was sie denn später werden möchte. „Irgendetwas mit Menschen. Vielleicht Empathistin", antwortet Mira. Dieser Beruf soll stark im Kommen sein, das hat sie in der Schule gehört. „Empathistin?", hakt ihre Oma nach. „Ich möchte gern, dass sich alle Menschen und auch alle digitalen Assistenten besser verstehen. Es kommt viel zu oft zu Missverständnissen." Johanna lächelt. Es ist schön, ihrer etwas altklug daherredenden Mira zuzuhören. Sie ist stolz, dass Mira schon so viele Fremdworte und Spezialberufe kennt.

„Wie war deine Reise?", versucht sich Johanna in versöhnlichem Ton. „Ich kam wirklich gut durch. Seitdem ich MobyMe habe, läuft das wie geschmiert." Johanna hatte ihrer Schwiegermutter im Herbst einen neuen digitalen Mobilitätsassistenten installiert. Die Familienrunde kichert. Das Eis ist endlich gebrochen. Den Mund noch voller Schokoladenfondue, fragt Mira: „Hättet ihr Lust, heute dieses riesige Feuerwerk auf dem Mars zu sehen? Die Mama von Elsa hat gesagt, dass die das heute Abend machen." Johanna runzelt die Stirn. „Elsa, Elsa. Alles was Elsas Mutter erlaubt muss sie nun auch toll finden?" Die Stimmung hatte sich doch gerade erst etwas entspannt. Johanna dreht nervös an ihrem Erdbeerspieß. „Überall Technik, Technik, Technik. Wenn wir einmal im Jahr zusammenkommen, können wir uns nicht auch mal einfach unterhalten?", möchte Johanna gerade ansetzen. Doch Miras Anblick lässt sie innehalten. Mira kann das mit der Empathie gut, denkt sie bei sich. „Von mir aus? Was meinst Du, Alex?", spielt Johanna den Ball weiter. Alex grinst.

Nach dem gemeinsamen Essen holt Alex einen kleinen Karton mit der Aufschrift „Crowd Lensing" hervor. Aufgeregt schnappt sich Mira den Karton und beginnt mit dem Auspacken. Oma Gerlind hatte die Linsen als Weihnachtsgeschenk geschickt. Dem Feiertagsangebot hatte sie nicht widerstehen können. Bei der Bezahlung mit Bitcoins wurden ihr sogar die Versandkosten erlassen. Offenbar hat sie da auch das Richtige ausgewählt. Zumindest Alex und Mira scheinen begeistert. Alex zieht sich Gummihandschuhe an und baut ein kleines Wasserbad auf dem Tisch auf. Er kippt eine blaue Tinktur hinein, um die Linsen zu desinfizieren. Jeder nimmt sich ein Paar. Vorsichtig müssen sie auf die Augen gelegt werden.

„Alle in die Wohlfühlecke!", treibt Alex die Familie an. Gemeinsam machen sie es sich in der Wohnlandschaft gemütlich. Mira kuschelt sich an ihre Oma und Johanna dimmt das Licht. Alex öffnet das Menü für virtuelle Welten und wählt „Das erste Silvester auf dem Mars" an. Easy Mars verspricht im Vorspann, bald Economy-Flüge zum Mars anzubieten. Die Show selbst wird fünfzehn Minuten dauern, live vom Mars. 11 Millionen weitere Zuschauer sind angemeldet. Ein glitzerndes Intro, mächtige Melodien, die Familie taucht direkt in die Marslandschaft. Jeder der 11 Millionen Crowd Lensing-Teilnehmer schwebt als funkelnder Stern im Bild. „Die Südkurve im All!", Alex freut sich. Ein schwacher Lichtkegel am Horizont führt den Blick aller Zuschauer auf einen zentral liegenden Hügel. Der Lichtkegel wird größer und heller. Nun sieht man genau, dort auf dem Hügel steht sie, die Marsstation. Sieben Astronauten kommen aus der Station. Sie winken mit ihren großen Handschuhen zur Südkurve und stiefeln langsam den Hügel hinunter. Jeder Astronaut hält etwas Fackelförmiges in den Händen. Sie kommen näher und näher und bleiben vor einem kleinen Krater direkt vor der Südkurve stehen. Dort bilden sie einen Halbkreis.

Mira wendet sich in Richtung ihres Vaters. Mit den Linsen kann sie nur ahnen, welcher Stern er ist. Kein Augenpaar kann ihren Blick erwidern. Sie fühlt sich kurz etwas allein. Ob es jetzt gleich losgeht? Aber da bewegt sich etwas im Halbkreis. Sie krallt sich fester in die Hand ihrer Oma. Carmina Burana wird eingespielt. Der Lichtkegel nimmt ab, es wird dunkler um die Astronauten, die Spannung steigt. Dann setzt er ein. Der Countdown. Es wird lauter und lauter und es blinkt auf dem Boden: Zehn, neun, acht, sieben, sechs, fünf, vier, drei, zwei, eins! Bombastische Fontänen von Licht springen ins All. Das Feuerwerk gleicht einem Vulkanausbruch von Farben. Es blitzen 3D-Graphiken in schimmernd animierten Wolkenlandschaften. Rhythmischer Goldregen und Lichtstrahlen in allen erdenklichen Formen. Die Familie sitzt mit weit offenen Mündern auf der Couch. Wieder erscheint ein Lichtkegel über den sieben Astronauten. Sie vergrößern ihren Halbkreis und stecken die Fackeln in den Marsboden. Der krönende Abschluss baut sich langsam auf. Es türmt sich Fontäne um Fontäne. Plötzlich wird alles stockdunkel. Nach acht langen Sekunden zeichnet ein Raketenfeuer die Worte „2026 will be a lucky year" ins Universum. Es folgt tosender Beifall. Die Show ist vorbei.

„Atemberaubend", alle im Chor. Die Familie ist sich einig. Euphorisch und wie berauscht nehmen sie die Linsen aus den Augen und umarmen sich gegenseitig. Alex öffnet eine erste Flasche Sekt. Gläser werden gefüllt und in die Runde gegeben. Miras Eltern wirken gerade wie aufgekratzte Teenager. Mira rutscht samt Decke wieder an ihre Oma heran. „Zwischendurch war ich ganz schön einsam." Oma Gerlind nickt ihr aufmerksam zu. Mira reibt sich die Augen und zieht sich die Decke über den Kopf. Oma Gerlind bringt Mira ins Bett und wünscht Johanna und Alex eine gute Nacht.

Alex und Johanna breiten sich in der Wohnlandschaft aus. „Noch ein Glas Champagner Schatz? Ich habe für uns extra noch echten rosa Champagner gekauft." Johanna lässt den Korken knallen. „Was ist dein Vorsatz für das neue Jahr, Alex?" Alex streckt die Beine auf dem Tisch aus. Er seufzt und lächelt. „Gute Frage. Ich möchte, dass wir die digitalen Assistenzen mal öfter vom Tisch nehmen. Insbesondere beim Essen. Mira denkt sonst, dass das normal sei. Ich möchte, dass wir am Tisch miteinander reden." Sie stoßen an. Er möchte sich wohl bei Johanna von seiner besten Seite zeigen. Johanna lächelt: „Ich hatte einen ähnlichen Gedanken. Nicht nur vom Tisch, sondern auch aus dem Bett. Weißt du noch wie wir früher Sex hatten? Nur du und ich und unsere Körper. Ohne High-Tech-Schnickschnack?" Sie schmiegt sich liebevoll an ihn. Ihr Fuß wandert auf dem Tisch zu seinem.

2033, LÜNEBURG: BEN

Ben ist 18 Jahre alt. Es ist der 28. August 2033, spät am Abend. Ben ist auf seiner Stube der Von-der-Leyen-Kaserne in Lüneburg.

Was bisher geschah:

Der Syrienkrieg ist offiziell beendet. Der Staat Syrien existiert nicht mehr, das Gebiet ist aufgeteilt und liegt immer noch in Trümmern. Autonome Systeme haben sich auf allen Ebenen etabliert: Von der Steuerung von Maschinen bis hin zur Kriegsführung, alle wichtigen Prozesse, bei denen Menschen Fehler machen könnten, laufen autonom. Der Mensch greift nur im Notfall ein.

Ben sitzt auf seinem Bett, neben ihm der gepackte Seesack. An das neue Oliv hatte er sich immer noch nicht gewöhnt, aber immerhin passte ihm seine Uniform besser, seit sie aus elastischem Nylon gedruckt wurde.

Morgen früh um sieben wird ein Shuttle ihn zu seiner neuen Dienststelle fahren. Morgen wird er seinen Dienst in Potsdam antreten, im internationalen Kontrollzentrum der Luftwaffe, Dienststelle Steuerung und Einsatzplanung. Höchste Geheimhaltungsstufe, gesonderte Zutrittskontrolle, tägliche große Sicherheitsprüfung für alle Mitarbeiter. Das ganz große Spiel.

Ben sitzt auf seiner Pritsche und ist wie gelähmt. Den ersten großen Karriereschritt hatte ihm der Obergefreite versprochen und ihn zu seiner neuen Aufgabe gedrängt. Direkt im Anschluss an die Grundausbildung, da kann man doch nicht ablehnen. So lange hatte er schon als unwichtiger und mittelklassiger Schüler herumgesessen. So lange schon wünschte er sich, eine bedeutende Rolle in der Gesellschaft einzunehmen. Inzwischen ist ihm klar: Er wird zuschauen in den kommenden sechs Monaten. Beobachten, wie Algorithmen Flugbahnen, Schusswinkel und aerodynamische Optimierungen berechnen. Wenn es gut läuft: Nicht eingreifen. Und woran sollte er noch erkennen, ob etwas schief läuft? Seine Laune sinkt.

Früher hatte Ben mit seinem Zwillingsbruder Luca oft Strategiespiele gezockt, in denen er in Wüstenumgebungen mit den neuesten Panzern und Geschossen Schlachten plante. Ben starrt weiter aus dem Fenster. Jetzt wird aus Spiel tatsächlich Ernst. Und doch sieht er seine Hoffnungen auf die neue Aufgabe schwinden, bevor er auch nur angefangen hat. Nicht enttäuscht sein. Ein Aufstieg im Militär ist eben harte Arbeit. Er wird diese Arbeit tun, diszipliniert und ohne mit der Wimper zu zucken. Ben möchte nicht wie viele seiner Schulfreunde untätig enden. In den Medien wird ständig darüber geredet, dass der Mensch in den aktiven Rollen immer überflüssiger werde. Selbst die Bahn hatte vor kurzem den letzten Zugführer ausgemustert, nachdem ein ganzer Berufsstand über Jahre regungslos in Führerkabinen von autonomen Zügen verharrt hatte. Kabinen, die einzig und allein für den Aufenthalt von ansonsten funktionslosen Zugführern designt wurden. Ben glaubt fest daran, dass man mit Disziplin in aktive Rollen aufsteigen kann. Ben schließt die Augen.

Das Syrien, in dem er geboren wurde, gibt es schon lange nicht mehr. Es wurde zwischen Scheichs, unabhängigen Regionaldespoten und der Türkei aufgeteilt. Bens Eltern waren 2017 zu Fuß mit ihren Zwillingen nach Deutschland geflohen. Über Monate mussten sie in einem alten Berliner Flughafen warten, in einem überfüllten Bettenlager. Er und sein Zwillingsbruder Luca waren damals zwei Jahre alt. Eine Pritschenlandschaft, voll schlechter Luft und Lärm. Streit zwischen den Nationalitäten gehörte zum Alltag. Bens Vater Tarek hatte kaum noch geredet und sich jede Nacht alleine vor der Flughafenhalle herumgetrieben. Mutter sagte immer, er sei sehr traurig gewesen. Mutter erzählte auch immer wieder von der nicht enden wollenden einzigen Aufgabe dieser Zeit: Dem Warten. Seinen Vater hatten sie zurückgeschickt, er wurde nie wieder gesehen. Seine Mutter beschreibt das bis heute als Wendepunkt. Wieder und wieder erzählt sie ihm und seinem Bruder, wie sie einen Brief nach dem anderen geschrieben hat. Geruch von Linoleum, jede Woche die selben Nummernautomaten, Gummibäume in den Wartezonen, überforderte Sachbearbeiter an veralteter Technik. Röhrenmonitore hatte er danach nur noch im Museum gesehen. Keine Ruhe hatte sie gegeben, bis die drei nicht nur bleiben durften und Pässe bekamen. Sie traf Entscheidungen für ein neues Leben. Es musste weitergehen, für ihre Zwillinge und für sie selbst. Es ging ihr nicht nur um die neuen Pässe und die Aufenthaltserlaubnis. Sie kämpfte auch um eine neue Identität für ihre Familie. Neuer Name, neue Geschichte, nichts sollte erinnern an die Flucht aus Syrien, nichts an die Herkunft, nichts der Zukunft im Wege stehen. 2021 wurden aus Zalya mit Sirus und Ahmad: Maria mit Luca und Ben. Ben öffnet die Augen. Man muss die Dinge in die Hand nehmen und hart arbeiten, um vorwärts zu kommen, um Dinge zu verändern.

Über 30 Jahre ist es her, dass ein amerikanischer Präsident den „Kampf gegen den Terror" ausgerufen hatte. Generationen von Soldaten waren diesem Ruf gefolgt, anfänglich sogar noch bis in die Berge Zentralasiens. Für Gefreite wie Ben war dies mittlerweile eine mehr als eigenwillige Vorstellung. Heute wird der Kampf ausschließlich aus Leitstellen in Europa geführt. Autonome Drohnen tragen ihre tödliche Fracht leise um die Welt. Stunden um Stunden leuchten ihre Bilder in den Leitstellen der Kontinente. Nicht ganz so realistisch wie in den Computerspielen von früher, aber immerhin.

Bens Bruder Luca tut sich noch immer schwer mit seiner deutschen Identität. Die Ordnungsliebe und Geradlinigkeit von Ben ist ihm immer fremd geblieben. Vor kurzem ist er digital abgetaucht, hat mehrere Avatare und Identitäten angelegt, die das Bild von ihm verschwimmen ließen. Ben weiß: Sein Bruder und seine Hackergruppe sind hinter den selben Bildern her, die er ab morgen täglich auf den Kontrollmonitoren sehen wird. Aber Luca wird sie veröffentlichen, um den namenlosen Opfern der mittlerweile dritten Generation ein Gesicht und eine Geschichte zu geben.

Ein Ritual, ebenso fest etabliert wie der Kampf gegen den Terror selbst. „Bewirkt haben beide nichts ", denkt Ben. Weder haben die einen es geschafft, der Bevölkerung ein sichereres Gefühl zu geben, noch haben die anderen den Kampf aufgehalten. Morgen früh reiht er sich ein.

2035, MÜNSTER: LEO

Leo ist 20 Jahre alt. Es ist Freitag, der 20. Juli 2035, später am Abend. Leo sitzt mit seiner Mitbewohnerin am Küchentisch. Er muss in den nächsten zwei Wochen eine schwierige Entscheidung treffen.

Was bisher geschah:

Die Europäische Union existiert noch. Auf dem Arbeitsmarkt herrscht Mangel. Arbeitgeber umwerben Spezialisten jeder Fachrichtung mit immer neuen Angeboten. Neurotechnologien, die Leistungsfähigkeit und Stimmung beeinflussen, haben den medizinischen Kontext verlassen und werden auch im privaten und wirtschaftlichen Umfeld genutzt. Die Debatte um eine Ethik des Umgangs mit künstlichen Intelligenzen („AI ethics") erreicht ihren Höhepunkt.

„Es gibt einfach so unendlich viele Möglichkeiten", murmelt Leo in der Küche seiner Wohngemeinschaft vor sich hin. Seine Mitbewohnerin Vivienne ist in ihr Essen vertieft und sieht ihn nicht an. Dann muss er wohl etwas lauter sprechen, um ihre Aufmerksamkeit zu gewinnen. „Ich habe einfach keine Ahnung, was ich wirklich will. Jede Entscheidung ist ein Massenmord an Möglichkeiten, hat meine Mutter früher immer gesagt." Das klingt theatralisch, aber er hat sein Ziel erreicht. Vivienne hebt den Blick. Leo zwinkert ihr zu, während er sich genüsslich einen gerösteten Sojagrashüpfer in den Mund schiebt. „Du mit deiner Liebe zu Maschinen, damit steht dir doch die Welt offen." Vivienne redet ihm gut zu. „Oder soll ich in AI ethics gehen?", entgegnet Leo. Er schiebt die übrigen Grashüpfer beiseite und projiziert mit seinem Fingerchip eine Fläche auf den hellen Holzboden: „Botipedia, AI ethics aufrufen". Vivienne und Leo lesen quer. „Das klingt schon verlockend", sagt er nachdenklich. "Was ich dir noch gar nicht erzählt habe, Vivi. Die EU hat mir das Angebot gemacht, in der Datenabteilung in Straßburg als Junior Data Blurrer anzufangen!" So, jetzt ist es raus. Das Angebot kam so überraschend, dass Leo sich die Augen reiben musste, als er es las. Dabei ist das Jobangebot per se gar nicht so seltsam. Er bekommt derzeit schließlich mindestens fünf Jobangebote im Monat, dafür hat er schon genug mit Daten gearbeitet. Bereits seit Mitte der 2020er Jahre ist die Nachfrage an Data Tradern, Data Profilern und Data Blurrern stark gestiegen. Da Daten heutzutage mehr wert sind als Öl, Geld oder Bitcoins, werden immer mehr Datenspezialisten gesucht, die nicht nur in der Lage sind, die Daten auszuwerten und zu verwalten, sondern persönliche Datenprofile auch verschwimmen, ja sogar verschwinden lassen. „Wirklich eine super…", Leo unterbricht sie: „Die Geschichte ist aber noch nicht zu Ende. Die bieten mir eine Bewusstseinserweiterung an. Mit sowas wird man zum Blitzdenker, ist dauernd auf Konzentration und gut drauf. Da kann es doch auf der Karriereleiter…", Vivienne runzelt die Stirn und unterbricht ihren Mitbewohner forsch: „Karriereleiter, darauf kommt es dir an? Bist du auch wirklich der Leo, den ich kenne oder nur eine billige Kopie?" Beide lachen. Leo öffnet eine Flasche Weißwein. Vivi ist wirklich die beste Gesprächspartnerin. Und vor allem hat sie den richtigen Humor. „Gut, dass wir üppige Getränkevorräte haben." Er schenkt beiden ein.

Münster, 21. Juli 2035, vormittags

Leo wacht mit Kopfschmerzen auf. Noch leicht benebelt, erinnert er sich an das gestrige Gespräch mit seiner Mitbewohnerin. Eigentlich könnte er direkt eine Antikaterpille nehmen. Aber er ist zu sehr mit anderen Gedanken beschäftigt. Er richtet seinen Blick an die Decke. Die ganze Nacht lang hat er mit Vivienne Datenethik und Optimierungswahn herauf und herunter diskutiert. Leo erinnert sich an Unmengen von Wein. Und er besinnt sich auf die schwere Entscheidung, die er noch zu treffen hat. Vivienne und er hatten alle Argumente genauestens begutachtet, sie von oben nach unten gedreht, von links nach rechts und wieder zurück. Um drei Uhr morgens taumelten sie in ihre Zimmer. Mit ein wenig Abstand gewinnt Leo ein Bild. „Erst einmal werde ich die Bewusstseinserweiterung testen. Ich will vorher genau wissen, wie sich das anfühlt. Naja, vielleicht wird es auch lustig, das mit Freunden auszuprobieren." Leo hatte schon öfter von Mind-Parties gelesen. Neue Grenzen austesten, seine Eltern hatten dafür noch alle möglichen Drogen nehmen müssen. Heute werden einfach mit Magneten die richtigen Stellen im Gehirn stimuliert. Das Teil von der EU müsste so ähnlich funktionieren. „Schon spannend“, denkt Leo und schwingt sich aus dem Bett.

Münster, 28. Juli 2035, kurz vor Partybeginn

Leo und Vivienne stehen wieder am Küchentisch, Gin Tonic in der Hand. Es hatte fast einen ganzen Tag gedauert, bis Leo Magnetspulen fand, die denjenigen von der Website seines potenziellen Arbeitgebers ähneln. Nun warten seine fünf Freunde im Wohnzimmer. Leo ist aufgeregt. „Ich habe drei Sets zur Gehirnstimulation besorgen können.“ Leo fühlt sich ein bisschen wie ein Spielleiter. Oder doch eher wie ein Dealer? Er lächelt verschmitzt. „Ok Leute, ich bin dabei. Machst du mit, Vivi?“, er dreht sich erwartungsvoll Vivienne zu. Sie greift nach zwei Sets, löst sie aus der Packung und setzt sie Leo und sich selbst auf den Kopf. „Ah, das müsste der Startschalter sein.“ Vivienne legt den rechten Daumen auf einen blauen Knopf an der Seite des Sets. „Beide gleichzeitig. Drei, zwei, eins!“ Sie drücken simultan den Knopf. „Wahnsinn, ich bin hellwach! Wie ist es bei dir, Vivi?“ Leo wirkt mit einem Mal aufgeputscht und redet viel schneller als noch wenige Minuten zuvor. „Es ist irgendwie noch mehr als wach sein. Ich muss gleich mal eine Runde laufen gehen. Nein, ich meine zehn Kilometer schwimmen oder so. Seltsam: Ich habe das Bedürfnis, mich zu bewegen, aber kann es nicht. Wie ist es bei dir?“ Vivienne redet genauso aufgekratzt wie Leo, obwohl ihr Körper sich langsamer bewegt als vorher. „Ich glaube, ich sehe jetzt ganz klar, wie alles im Universum zusammenhängt. Ich sehe das Netzwerk aller miteinander verbundener Ereignisse aufleuchten.“ Die Partygäste melden sich zu Wort. „Kommt jetzt der Gottkomplex in dir hoch?“, witzelt Kai. „Ich nehme mir mal das dritte Set.“

Es ist spät geworden. Die beiden und ihre Gäste probieren die Stimulationen im Laufe des Abends so oft aus, dass sie es nicht mehr zählen können. Die Erfahrungen wandern von Blumen an Häuserwänden über europäische Politik bis hin zu Gravitationswellen. Als die Sonne aufgeht, verabschiedet sich Leo mit einer herzlichen Umarmung von den Freunden und bringt sie zur Tür. „Irre, wie viele Gedanken sich in so kurzer Zeit denken lassen.“

Leo kann noch nicht schlafen. Er ist so wach wie noch nie in seinem Leben. „Jetzt spring ich in die Wanne und fälle eine Entscheidung. Nach dem Schlafen ist das Hochgefühl bestimmt wieder weg." In der Badewanne wägt er pro und contra nochmal ab. „Schließlich muss ich wohl nach meinem Gefühl entscheiden." Er taucht mit dem Kopf unter das Wasser. Von unten betrachtet er das schaumige Wasserperlenspiel. In diesem Moment der Stille hat Leo plötzlich das Gefühl, dass sein Kopf frei von all diesen multidimensionalen Informationswüsten ist und trifft seine Wahl.

2040, BERLIN: MO

Mo ist 25 Jahre alt. Es ist der 4. Mai 2040, 10.20 Uhr. Mo tritt im Lern-forum Physik ein.

Was bisher geschah:

Der Wettbewerb um die Macht über Wissen und Information ist zwischen Staaten, Militär und Wirtschaft stark angestiegen. Institutionen – wie Universitäten – sind in diesem Wettbewerb bereits seit zehn Jahren untergegangen. Um Wissenschaft zu betreiben, finden sich interessierte Personen projektgebunden zusammen. Um zu forschen, werden intelligente Systeme genutzt, die effizient relevante Information aus dem bereits vorhandenen Wissen der Welt filtern, mögliche Anwendungsfelder verbinden und Daten aufbereiten. Die Gesellschaft ist stark gealtert und die Anzahl Erwerbstätiger liegt deutlich unter der Anzahl der Menschen, die auf gesellschaftliche Unterstützung angewiesen sind. Kognitives und neurologisches Enhancement sind in der jungen Generation seit 2030 etabliert. Identität und sozialer Status werden durch das digitale Abbild der Menschen bestimmt.

Mo bewegt sich langsam durch das Coviditorium. Er ist zu spät. Doch anstatt sich eilig einen der letzten Plätze zu sichern, schleicht er heute langsam durch den Raum. Er ist etwas gedankenverloren. Seit fünf Jahren beschäftigt er sich nun intensiv mit Physik. Eine Disziplin, die sich öffentlich vor einigen Tagen selbst abgeschafft hat. Die Chinese Physical Society hat im April auf dem World Summit of Physics alle grundlegenden physikalischen Gesetze in Frage gestellt und gab ihre Auflösung bekannt. Binnen einer Woche waren die European Physical Society, die American Physical Society und die African Physical Society gefolgt. Nun ist es für alle publik: Seit dem 1. Mai stellt die Welt lange geltende physikalische Theorien in Frage. Im Internet sind wissenschaftliche Artikel zum Energieerhaltungssatz, zur Lichtbrechung oder zur Gravitation nicht mehr als offizielle Quelle zu finden.

Die Helden der Quantenphysik des vergangenen Jahrhunderts, Einstein, Bohr, Wheeler oder Zeilinger würden sich heute nicht vor Graus, sondern vor Freude im Grabe umdrehen. Denn die Physik hat sich selbst zerlegt. Und zwar in die Teilchen, die sie bisher scheinbar im Innersten zusammenhielt. Wie es nun heißt, waren diese nicht mehr als heiße Luft. Naja, nicht ganz. Die Physik konnte eben nur Phänomene beschreiben, nicht jedoch verstehen. Genau dieses Problem hatten eben jene Herren oft betont. Während viele andere die Beschreibungsebene mit dem Verstehen verwechselt und zu vorschnell als die Wahrheit deklariert hatten. Wie Einstein schon betonte: „Wenn die Menschen nur über das sprächen, was sie begreifen, dann würde es sehr still auf der Welt sein." Es war jedoch nicht still auf der Welt. Ganz im Gegenteil: In den 1970er Jahren schrieb man sich noch übermütig auf die Fahne, 100% des Universums in einem Modell erklären zu können. Diese 100% schrumpften bis 2020 auf bescheidene 5% zusammen. Sozusagen war nicht einmal mehr der Flickfaden der Fahne zu sehen. Ein wahrlich ernüchterndes Eingeständnis. „Als junger Physiker", so hatten es die Quantenphysiker der 2020er Jahre prophezeit, „hat man eine große Aufgabe vor sich. Man muss die gesamte Physik, ja nicht nur die gesamte Physik, sondern auch alles, was auf ihr aufbaut, neu schreiben." Eine unglaublich große Herausforderung für die Physiker. Um genau zu sein, ab genau jetzt, extrem viel Arbeit! „Toll, und wir sollen nun also die Suppe auslöffeln...", grübelt Mo und versinkt in seinem Stuhl.

Auf der Hologrammwand referiert schon wieder eine ältere Dame aus Denver. Sie spricht über die Chancen, die sich aus der Neuschreibung der Physik ergeben werden. Solche Vorlesungen liefen in den letzten Tagen immer wieder. Mal mehr und mal weniger mutig formuliert. Die Intelligente Suchmaschine für Forschung (ISF) spiegelt in Echtzeit neue Publikationen zum Thema. Einige Thesen sind bereits hervorgehoben und verweisen auf gegenteilige Aussagen in anderen Veröffentlichungen. Sie leuchten rot auf. Rot heißt viel Arbeit, denn es erfordert langwieriges Nachforschen und manchmal sogar die Replikation des Experiments.

Mo loggt sich mit einem Kopfnicken in seine Kommunikationskanäle ein. In einem läuft bereits eine hitzige Diskussion zu dem, was die Dame aus Denver gerade sagt. Sein Blick wandert über die konzentrisch angeordneten braun-, blond- und rothaarigen Köpfe der Gruppen vor ihm. Auch sie rutschen immer tiefer in die Sitze und sind kaum noch zu sehen. Plötzlich blinkt sein Interface wie verrückt. Datenoverflow auf seinem Profil. 1400 Aufrufe zeitgleich. Seine Beliebtheitsstatistik und Impact-Skala schnellen in die Höhe. Mo überkommt ein überraschendes Glücksgefühl. Er setzt sich auf. „Was ist denn da los?" Anfragen. Anfragen über Anfragen. Und alle tragen denselben Titel: „Young Euro Quant. Stones are history. We are life". Schade, er ist enttäuscht und senkt den Kopf. Es handelt sich wohl doch nicht um eine Reaktion aus dem Nerd-Channel, in dem er sein Moralrätsel gepostet hatte. Über einen Begeisterungsansturm zu diesem hätte er sich wirklich gefreut, denn es war eine außerordentlich ausgeklügelte Antwortreihe, die er da in die Welt hinausgesendet hatte. Mit sowas kann er sich in der Szene wirklich einen Namen machen. Die Antwortreihe ist das Ergebnis des selbst lernenden Systems, das er auf einem Quantencomputer programmiert hat. Er hatte einen 100 yotabyte großen Datensatz als Input ins System gegeben. Auf den Datensatz selbst war er besonders stolz, denn er hatte die Datenströme einer Serverfarm in der Schweiz gehackt und auf sein System gezogen. Ursprünglich wollte er herausfinden, um welche Daten es sich bei seinem Blindversuch gehandelt hatte, aber wie üblich gab ihm das Netzwerk endlos lange Auswertungsprotokolle aus. Und das für unbekannte Quelldaten. „Man könnte gleich den gesamten Traffic der vergangenen fünf Jahre in das System jagen und würde in einem ähnlichen rätselhaften Kosmos enden." Welche Annahmen sollte man auf Basis namenloser Datenmuster und Kausalketten bilden? Mo spielt mit Daumen und Zeigefinger an seinem Ohrläppchen und taucht tiefer in seine Gedankenwelt. „Antworten, auf die es keine Fragen gibt. Also: Fragende Antworten ohne Namen." Das ist seine Vorstellung von Physik. Er fühlt sich während dieses inneren Monologs fast wie einer seiner weisen Helden.

Sein Traum ist es, eine hypothesenbildende Hybrid-KI zu entwickeln. Schon so oft hatte er versucht, das seinen Freunden zu erklären: "Eine hypothesenbildende Hybrid-KI ist ein System, das künstlich intelligente Systeme und die Kraft und besonderen Qualitäten eines Quantencomputers miteinander vereint. Dieses System wird mit Daten, die uns Menschen chaotisch erscheinen, gefüttert. Und da die künstlich intelligenten Systeme, also mehrere, zeitgleich auf einem Quantencomputer laufen, können mehr Daten schneller verarbeitet werden als je zuvor. Hinzu kommt die große Genauigkeit. Das übertrifft alle bisherigen Rechnersysteme. Was kommt dabei heraus? Antworten. Antworten, die keine ausformulierten Sätze sind, sondern Listen von Mustern, die im Datenwust gefunden wurden. Bisher liegt die Aufgabe des Menschen darin, dann Annahmen zu machen, weshalb diese Muster auf der Liste existieren. Die Hypothesenbildung. Die ist irre schwer. Deswegen der große Traum: Es wäre so fantastisch, eine Maschine zu haben, die dies für uns übernimmt. Eine Maschine, die Hypothesen bilden kann." So etwas würde ihm sein Leben wirklich leichter machen. Solch eine Erleichterung würde sein Forschen auf eine ganz neue Ebene heben. Mo erinnert sich an den Effekt, der folgte, als die intelligenten Suchmaschinen endlich universell wurden und sich ihren Weg ins Wissenschaftsgeschehen bahnten. Seitdem musste man nicht mehr auf zwanzig Datenbanken nach Veröffentlichungen recherchieren, die mit Glück wenigsten ein bisschen etwas mit dem zu tun hatten, was gebraucht wurde. Diese Systeme hatten mit ihrer Kategorisierungsfähigkeit und Hervorhebungsfunktion, dem Anzeigen von Informationsverbindungen und den Ideenentwicklungsvektoren wirklich einiges beschleunigt. Sogar mit dem verhassten Rot, welches immer als „viel Arbeit" zu verstehen war.

Plötzlich hört Mo ein Knistern neben sich, das ihn zurück ins Geschehen holt. „Hast du die Einladung auch bekommen?" Pedro, Mos Sitznachbar, lehnt sich herüber. Er hat wieder mal seinen albernen Verschwörungstheorieblick. „Schräg, oder?" Mo nickt und liest sich die Einladung nochmal genauer durch. „Young Euro Quant. Stones are history. We are life". Eine Scientific Army will das sein. Mo beginnt das zu gefallen. Um genau zu sein, findet er eine Sache besonders gut: Das „Young" vor dem „Euro Quant". Mo und viele seiner Gruppe denken, dass alte Menschen Schwierigkeiten haben, ihr gewohntes Mindset zu verlassen und neues Denken zuzulassen. Viele, die über 50 sind, lehnen kognitive Optimierung komplett ab. Als hätten sie Angst davor etwas zu verlieren. Dabei kann man sein Konzentrationsvermögen maximal erhöhen, gezielt alte Denkmuster bearbeiten, um Neuem unvoreingenommener zu begegnen. Mos Generation ist damit aufgewachsen und hat die alte Generation längst mit flexiblem, kreativem und vielseitigem Denkvermögen überholt. Das spiegelt sich auch allmählich in den Führungsetagen. „Ein Gehirn, gewachsen und geformt von einer ganz bestimmten Vorstellung, tut sich manchmal schwer damit die eigenen Nervenautobahnen zu überlisten. Es ist nicht unmöglich, aber sehr viel Arbeit. Autobahn, wir fahren auf der Autobahn... Warum also keine Technologie nutzen? Das lehnen die Alten ja gerne mal ab und bleiben dann hängen. Wozu Socken? Sie schaffen nur Löcher“, schmückt sich Mo mit einem Verweis auf Einstein. Er gibt gegenüber Pedro immer ganz gerne an. Wie sollte sich eine alte Wissenschaftsgemeinschaft dazu überwinden, alle bisher vollbrachte Arbeit noch einmal in Frage zu stellen? Wir reden ja nicht nur von der Physik, sondern auch von allen angrenzenden Disziplinen. Und all den Sturköpfen, den Schnellen, den Kontrollfreaks und den Mächtigen. Dies alles käme einem Wissensselbstmord gleich.

Mo stupst Pedro an: „Schau! Angenommen.“ Es erscheint eine schillernde Animation mit Steinen. Die Steine atomisieren beim nächsten Kopfnicken und blinken die Worte „Congratulations. Welcome to our community!“ Pedro nimmt nun auch die Einladung an. Steine bersten und die Schrift tanzt. Pedro und Mo blicken sich im Coviditorium um. Im ganzen Raum beginnt es zu blinken. Kopfnicken und Steine explodieren. Zu ihrem eigenen Glück bemerkt die Dame in Denver nichts von der Entwicklung im Coviditorium. Hätte Mo seine Hybrid-KI bereits entwickelt, sie verstünde den Pong-Effekt, der sich gerade in einer Welle im Raum ausbreitet. In allen beginnt eine innere Sicherheit zu wachsen. Nichts kann mehr erklärt werden. Keine Bergpanoramen, kein Meer und auch kein Sonnensystem..

2045, BERLIN: EMILIA

Emilia ist 30 Jahre alt. Es ist Mittwoch, der 1. Februar 2045, kurz nach 12 Uhr. Emilia wartet in der Eingangshalle des Weltmuseums in Berlin.

Was bisher geschah:

Die öffentliche Diskussion um Bevölkerungszuwachs und knapper werdende Ressourcen hat an Schärfe zugenommen. Medizinische Technologien ermöglichen es Menschen in Europa, unabhängig vom eigenen Alter, Kinder zu bekommen, länger jung zu bleiben und den Sterbezeitpunkt selbst zu bestimmen. Das individuelle Leben wird fast beliebig verlängerbar, gleichzeitig erlaubt es die Kapazität von Quantencomputern, Bevölkerungsentwicklung und Ressourcen sehr genau zu berechnen, vorherzusagen und zu planen.

Im Rucksack, den sich Emilia links über die Schulter geworfen hat, vibriert es seit zehn Minuten. „Jetzt nicht", denkt Emilia. „Das ist bestimmt Marleen." Ihre Freundin bei der Initiative Pro Lebensverfügung hat sich dieses eine Mal zu gedulden. Emilia hat heute keine Zeit. Sie kommt leicht verschwitzt in der Eingangshalle des neu eröffneten Weltmuseums an. Die erste Ausstellung „Krieg und Frieden" zeigt weltumgreifend die Geschichte von Reibung und Spannung. Man sagt, die Berechnungen zu Bevölkerungsgröße und Ressourcenanteilen der Zukunft seien besonders anschaulich dargestellt. Emilia ist gespannt. Ein Quantencomputer in der Ausstellung aktualisiert die Prognosen laufend. Durch die Glaskuppel scheint Wintersonne herein. Emilia wartet auf ihre Mutter.

„Das Thema Lebensverfügung muss vorangebracht werden." Emilia geht im Kopf ihren Vortrag für morgen durch und spielt ungeduldig mit den Kordeln ihres Rucksacks. „Der globale Konflikt zwischen der rasant wachsenden Weltbevölkerung, der steigenden Lebenserwartung und den abnehmenden Ressourcen wird dringlicher." Ihr Blick wandert über die Projektion nahe der Treppe. In Echtzeit wird angezeigt, wie viele Menschen sich gerade für ein Kind entscheiden. Jedes Kind ein gelber Punkt. In der roten Punktwolke daneben werden Effekte dieser Entscheidung auf den Ressourcenhaushalt der Erde abgebildet, mit individuell ermittelter Lebenszeit der Kinder: 120, 87, 133, 96 Jahre... Auch 35, 66 und 55 Jahre sind zu finden. Der Zugriff auf die Ressourcen bestimmt das Lebensalter. Der Rand der roten Punktwolke ist gerahmt von blauen Pünktchen. Sie deuten potentielle neue Ressourcen an. Die große Hoffnung dieser Tage: Ressourcen vom Mars.

Es zeigt alles so glasklar. „Wie passend", denkt Emilia. Sie hatte sich vor kurzem der Initiative Pro Lebensverfügung angeschlossen. Global war hier nichts zu ändern. Die Initiative will es jedem Einzelnen ermöglichen, einen konkreten Beitrag leisten zu können: Eine Lebensverfügung, in der jeder Mensch Lebenslänge und Kinderplanung festlegt. Der Mensch bestimmt seinen Lebensweg und macht ihn transparent. Die Initiative ist gerade so weit damit, ihr Thema publik zu machen. Veranstaltung über Veranstaltung. Es gibt viel zu tun. Emilia lächelt in sich hinein.

Emilias Mutter Mareike eilt die Treppen herauf und küsst ihre Tochter auf die Wange. „Verzeih, ich bin zu spät. Ich habe versucht, dir Bescheid zu geben." Dann war es gar nicht Marleen gewesen. „Ich war in Gedanken und dachte, es sei jemand anderes", setzt Emilia entschuldigend an. Die letzte Begegnung zwischen Emilia und ihrer Mutter ist schon eine Weile her. Um ihr schlechtes Gewissen zumindest ein wenig abzumildern, hat sie ihre Mutter eingeladen, sie beim ersten Besuch des neuen Weltmuseums am Tegeler Flugfeld zu begleiten. „Ihr Engagement für die Sache mit der Lebensverfügung schluckt aber auch wirklich viel Zeit", denkt Mareike. Es ist ihre erste Begegnung, seit Emilias eigene Lebensverfügung öffentlich ist. Kinderanzahl: Null, Lebensalter: 100. Emilia hatte ihre Mutter extra auf die Lebensverfügung hingewiesen. Gesprochen hatten die beiden darüber noch nie.

Emilia und ihre Mutter steigen die Treppe hinauf. Emilia ist von gleißenden Sonnenstrahlen geblendet. „Vorsicht!", raunt ein Roboter vor ihr. Sie hätte ihn beinahe umgestoßen. Die Sonnenstrahlen spiegeln sich ungünstig an dem raketenförmigen Gebilde, welches die gesamte Höhe der oberen Museumswand einnimmt. Woher kannte sie das nur? Beide Momente fallen zusammen. „Entschuldi-

gung“, murmelt Emilia und eilt ihrer Mutter hinterher. Die Worte
„Krieg und Frieden“ schweben als Schriftzug über der ausladenden
Tür. Sie passieren diese und betreten einen weitläufigen Saal.

Emilia und Mareike stürzen mitten in ein Chaos. In großen Wellen erleben sie das Kräftespiel von Epidemien und Hungersnöten.
Fluten und Hitze reißen den Pegelstand der Weltbevölkerung immer wieder herunter. Der Boden unter den beiden schwankt. Sie
fühlen wie der Krieg wächst. Die Perspektive wechselt. Sie sehen,
hören, riechen Ressourcen im Überfluss. Aber immer wenn sie danach greifen wollen, schwinden sie. Eine Armada von Supermenschen treibt sie immer weiter von den Früchten weg. Emilia erschaudert ob dieser Zukunftsperspektive.

Ein einzelner Lichtblitz zuckt auf. Emilia geht zielstrebig in die
Richtung der nächsten Installation. Ihre Mutter hält sie sachte zurück. „Warte, ich muss dir etwas erzählen.“ Ihre Stimme klingt gedämpft. Sie deutet auf eine Sitzgruppe, die etwas abseits steht. Die
beiden nehmen Platz. Emilia sucht ungeduldig den Blick ihrer Mutter. Deren strahlende Augen irritieren sie. Überwältigt von den
Eindrücken der Ausstellung hat sie das Mienenspiel ihrer Mutter
nicht beachtet. „Liebe Emilia, ich wollte es dir als Erste sagen. Ich
habe lange hin- und herüberlegt. Ich möchte noch ein Kind.“ Emilia hält inne. Jetzt fällt es ihr ein. Die Rakete aus dem Treppenhaus
war eine V2. Sie stand früher im Militärhistorischen Museum in
Dresden. Emilia schüttelt leicht den Kopf. Hat sie sich verhört?
„Du möchtest noch ein Kind?“, wiederholt sie und schüttelt den
Kopf nun energischer. „Puh, oh wow. Du hast doch schon zwei
Kinder aufgezogen? Die Bevölkerung explodiert und die Rohstoffe
werden knapper. Du hast es doch gerade erlebt?!“ Sie holt tief Luft.
„Was spricht denn dagegen?“ Mareike führt weiter aus. „Die Optimierung von Genen ist weit vorangeschritten. Ich habe mich testen
lassen und meine Hormonlage lässt es zu, noch ein Kind zu bekommen.“ Mareike scheint sich in die Art liebevoller Rage zu reden, die Emilia von sich selbst kennt. Emilia stiert auf den Boden
und sagt nichts. „Weißt du, Emilia, ich finde, du solltest ebenso ein
Kind bekommen! Unsere Kinder sind unsere Zukunft, auch heute
noch. Das mit deiner Lebensverfügung ist doch voreilig. Die kannst
du ändern. Du bist meine Tochter und du bist das lebendige Beispiel, dass unsere Nachkommen Probleme angehen und lösen, an-

statt neue Probleme zu schaffen“, sagt Mareike und nimmt Emilias linke Hand. Emilia blickt ihre Mutter mit offenem Mund an und rollt demonstrativ mit den Augen. „Hast du gerade gar nichts gesehen? Ich kann dich echt nicht ernst nehmen.“ Emilia zieht ihre Hand zurück, springt auf und geht, ohne sich umzudrehen, in den nächsten Saal.

2049, DENVER: SMILLA

Smilla ist 34 Jahre alt. Es ist die Nacht vom 12. auf den 13. Februar 2049. Vor zehn Tagen musste Smilla New York verlassen und ist nun übergangsweise in einem Lager in Denver untergekommen.

Was bisher geschah:

Der Klimawandel ist fortgeschritten. Die Meeresspiegel sind stark angestiegen. Weltweit werden im Wochentakt Großstädte am Meer aufgegeben. Menschen aus den Küstenregionen der USA migrieren ins Landesinnere. Seit den 2030er Jahren fliegen nicht mehr nur superreiche Investoren ins All, auch der Normalbürger kann zu erschwinglichen Preisen Kurzreisen buchen. Gesellschaftsformen für den Mars sind seit über 15 Jahren in der Entwicklungs- und Testphase. Seit fünf Jahren werden die ersten Siedlungen auf dem Mars realisiert. Der internationale Wettlauf um die Macht im All hat sich nach dem Race to the Moon der 1960er und dem Aufbau des Satellitennetzwerks um die Jahrtausendwende mit der Besiedelung und dem Ressourcenabbau auf dem Mars erneut verschärft.

„Ob das wohl alles was wird?" Smilla liegt nach einem langen Tag im Bett und kann nicht schlafen. Sie spürt ein Gefühl von Wehmut in sich aufsteigen. Neun Tage ist es her, dass New York City, die Stadt, die niemals schlief, doch eingeschlafen ist. Vermutlich für immer.

Der Meeresspiegel war Jahr um Jahr gestiegen. Lange war es schon klar, dass The Big Apple untergehen würde. Alle Mauern und Pfahlbauten hatten sich immer wieder als vergeblich erwiesen. Absehbar vergeblich. Vor zehn Tagen war es dann so weit. Der Sturm am 2. Februar riss die Mauern ein und überspülte binnen Stunden weite Teile von Manhattan. Die Stadt ist ausgeschaltet. Dunkel, ohne Strom, eiskalt. Das Schachbrett an Wasserstraßen gehört jetzt den Ratten. Müll, tote Zoolöwen, die Plakate der letzten Leugner des Klimawandels, die Reste einer Zivilisation treiben über den Central Lake.

Das Migrationsprogramm der Homeland Security hatte den New Yorkern eine neue Heimat in Montana in Aussicht gestellt. Kolonnen Freiwilliger waren in einem großen Treck gen Westen gezogen. Im November 2048 hatte die Notverwaltung Zwangsumsiedlungen beschlossen, kurz darauf wurden Manhattan, Queens, Brooklyn und die Bronx aufgegeben. Ende Januar, zehn Tage vor dem großen Sturm, räumte das Militär die gesamte Stadt. Smilla hatte sich weigern wollen. Ihre Hoffnung, doch noch in New York bleiben zu können, dass alles gut würde, brach erst am letzten Tag.

Nach elf Jahren New York liegt Smilla nun, fern von allem, in einer Notunterkunft in Denver. Solche Notunterkünfte wurden in allen höher gelegenen Städten eingerichtet, um die Bewohner der Ost- und Westküsten aufzunehmen. Smilla ist gestrandet. In einem Schlafsaal in einer Sporthalle. Sie hat keine Pläne mehr. Sie ist durcheinander. „Das ist jetzt also mein persönliches Wartegleis", denkt Smilla und zieht sich die so fremd riechende Decke über ihre Schultern. Ihre New Yorker Freunde und Kollegen sind alle an verschiedene Orte verstreut. Der Kontakt wird über kurz oder lang einschlafen. Smilla wird sie alle vermissen. Elf Jahre sind eine lange Zeit, um Bekanntschaften zu schließen. Smilla hatte viele gemacht, die ihr die lange Zeit im Rückblick sehr kurz erscheinen lässt. Vom ersten Tag an war in New York alles, einfach alles, aufregend gewesen. Die Menschen, die Stadt und ihr Job. Sie arbeitete in dem wohl wichtigsten Zukunftslabor der Welt am Design für Leben im All. Smilla war zu Beginn ihrer Karriere, damals ja auch erst Anfang 20, in die klassische Ideologiefalle getappt: Galant schlitterten ihre ersten Modelle für Gesellschaftsformen für das Leben auf einem anderen Planeten völlig an der Realität von Mensch, Menschheitsgeschichte und Umgebungsfaktoren vorbei. Diesen Zahn hatten ihr vor allem die Erfahrungen der letzten Jahre gezogen. Ihre Ansätze waren gereift und wurden in Wüstencamps mit echten Menschen getestet. Als das Projekt publik wurde, sorgte es für viel Aufregung und Wirbel. Auch international. Ein Symptom der globalen Uneinigkeit über Welt- und Allbild. Viel Kritik kam aus China: Oneway-Besiedlungsformate brauchen Menschen ohne Mindset. Europa argumentierte, die weltgeprägte Studienpopulation könne keinen Generationshorizont abbilden. Es blieb einfach immer spannend.

Sie schlummert schließlich ein.

Vom ersten Morgenlicht wird Smilla geweckt. Noch im Bett liegend geht sie ihren News-Splitter durch. Ihre Augen weiten sich. ++ Neue Heimat sucht mutige Bewohner. Platform Spacelife ++. Smilla ist wie elektrisiert. „Auf einem anderen Stern eine neue Welt aufbauen? Meine Modelle zum Leben erwecken. Und ich mittendrin?" Als Spezialistin für Gesellschaftsformen des Alls fühlt sie sich mehr als prädestiniert. Sie weiß es besser als andere. Sie weiß, dass solch ein Leben knallharte Arbeit ist. Sie weiß, es stellt eine hohe Anforderung an Toleranz, Offenheit und vor allem: Adaption. Genau das hatten ihre Experimente doch gezeigt. Seltsam, während all der Jahre hatte sie sich nie den Gedanken erlaubt, selbst im All ansässig zu werden. Seltsam, nicht nur bei der tiefen Auseinandersetzung mit möglichen Lebensformen. Seltsam, da eine Kurzreise ins All ihr Leben nachhaltig verändert hatte. „Das ist schon so lange her", sie kratzt sich am Arm. Als Abschlussbeste ihrer Lernstufe hatten Smillas Eltern ihr den Allflug geschenkt, die verrücktesten zwölf Stunden ihres Lebens! „…die Stille, das Raumschiff, das Durchdringen der Atmosphäre, die unzähligen Sterne,… und der Blick auf den Planeten Erde." Ein irrer Abstand zu allem, zu den Menschen, zum gewohnt blauen Himmel, zum gewohnten hell und dunkel von Tag und von Nacht. Es war wie alles auf einmal verstehen. Fülle, Nichts, Endlichkeit und Unendlichkeit. Smilla blickt nochmal kurz an die Decke der Sporthalle. Die Aussicht ist beengend.

Smilla springt aus ihrem Klappbett, hastet zur Umkleide und ruft die Eignungsvoraussetzungen für die Spacelife-Application auf: Name, Vorname, Geburtsort, Gesundheitsscore, Fitnessscore, Charaktereigenschaften, Smilla stockt. „Oh nein… Raumsparvertrag?" Dass ihr das mal auf die Füße fallen würde. Diesen Raumsparvertrag hatte sie mit ihren Eltern im zarten Alter von 18 rauf und runter diskutiert. Ihre Eltern hatten sie für verrückt erklärt. Jetzt zeigt es sich: „Klimamigrantin. Das bin ich jetzt. Eine Klimamigrantin. Voraussehend wäre die Anlage so…", ihr Gedanke bricht in einer unangenehmen Einsicht ab. Sie hätte sich mit ihren Verdiensten inzwischen ja auch selbst darum kümmern können. Panisch sucht sie nach Informationen zum Auswahlprozess. Ein Antibias Swarm internationaler Systeme mit einem scharfen Selektionsparadigma:

Die Erfüllung aller Kriterien ist die Basis für die Kandidatensimulation. Matches und Pooling, Prognosen zum Gruppenverhalten. „Ich könnte heute noch einen Raumsparvertrag abschließen? Wenn das ginge? … weiter in den Kriterien … Lebensdauer, Transformationspotential, Scoring über Scoring.“

Als die Lichter in der Notunterkunft ausgehen, erschrickt Smilla. Sie hat sich den ganzen Tag mit dem Aushandeln eines Raumsparvertrags und ihrer Spacelife-Application beschäftigt und gar nichts um sich herum mitbekommen. Auch Smilla muss sich hinlegen. So sind die Regeln in der Sporthalle. Sie wälzt sich von links nach rechts und wieder zurück. So wird sie heute wohl kaum von selbst einschlafen. Sie tastet nach den Schlaftabletten, die sie noch aus dem letzten Testprogramm in der Wüste bei sich trägt. Smilla steckt sich die Pille in den Mund und schließt die Augen.

2050, INDISCHER OZEAN: NOËLLE

Noëlle ist 35 Jahre alt. Es ist Sonntag, der 7. August 2050, kurz vor 14 Uhr. Sie befindet sich auf einem Schiff im Indischen Ozean.

Was bisher geschah:

Am 12. Mai 2050 schlug ein Meteorit im Indischen Ozean ein. Die Flutwellen zerstörten Küstengebiete Ostafrikas, Westaustraliens und Südindiens. Der Klimawandel ist fortgeschritten, Rohstoffe für Energiegewinnung schwinden, die Bevölkerung wächst. Es herrscht ein Kampf um gerechte Verteilung, der Wettlauf um neue Energielieferanten und Rohstoffe bestimmt die Machtverhältnisse.

Seit sieben Wochen sind sie nun schon mit dem elektrisch betriebenen Forschungsschiff F.S. Sonne II auf dem Indischen Ozean unterwegs. Die 20-köpfige Forschercrew hat bereits zu Mittag gegessen und Noëlle ist gerade zurück an ihrem Labortisch unter Deck. Ihr Blick wandert über die Versuchsanordnungen. Zeitlich codiert blinken die Zwischenergebnisse auf. Die leuchtenden Glaskästen an der Wand sind fast alle gefüllt. Die oberen Kästen schimmern grünlich und kleine Kristalle formieren sich zu zusammenhängenden Strukturen. In der unteren Reihe verdeckt milchiger Beschlag die Glaswände. Die hochsensiblen Sensoren dokumentieren, für jeden Glaskasten einzeln, minimalste Veränderung von Gewicht, Dichte, Farbe, Form und Temperatur.

Noëlles Blick wandert zu den Fenstern hinaus auf das blaugrüne Meer. Sonnenstrahlen brechen auf der Wasseroberfläche. „Endlich können wir die Observerdrohnen starten lassen. Die grünen Teppiche werden immer dichter….Schnell den Zwischenbericht codieren …Den Epibenthosschlitten für die tieferen Wasserschichten werden wir bestimmt noch nicht einsetzen müssen...", denkt Noëlle, während sie das Lichtspiel an der Decke des Laborraums beobachtet.

Die Schaufeln greifen unter großem Getöse durch die Wassermassen und sieben. Wasser strömt in den Schiffsschlund ein, strömt durch die Siebe, strömt wieder aus. Alles, was im Sieb hängen bleibt, kommt in die Filterstation im dritten Untergeschoss. Findet die Filterstation etwas Interessantes, wird es direkt ins erste Untergeschoss, das Labor, gebracht und landet in den Glaskästen. Über Tage hinweg werden nun schon Fische, Algen und Müll aller Art aus dem Meer gesiebt. Dazwischen tauchen kleine Schwämmchen oder Müllklumpen auf, die von einer grün-kristallinen Struktur benetzt sind. Die, um die sich alles dreht. Je weiter die F.S. Sonne II sich in Richtung Süden bewegt, desto dichter und flächiger wird der Anteil des grünlichen Kristallgewebes. Heute ist das Filtrat mit 30% hochkonzentriert. Das erste Mal seit der Abreise steht die F.S. Sonne II still auf dem Ozean.

Gespannt verfolgt die ganze Welt aktuelle Meldungen von der F.S. Sonne II. Drei Monate liegt der Meteoriteneinschlag zurück, das Jahrhundertereignis. Drei Monate liegt auch das darauf folgende Unterwassererdbeben zurück, welches verheerende Flutwellen nach sich zog. Als Glück im Unglück konnte der Umstand bezeichnet werden, dass der Meteorit nicht auf dem Land, sondern inmitten des Indischen Ozeans eingeschlagen hatte. Die Flutwellen brachten neben großflächiger Zerstörung der Küstengebiete, auch eine sonderbare andere Sache mit sich. Auf diese ist die Aufmerksamkeit der gesamten Welt nun ausgerichtet: Kilometerlange Streifen grünen Schaums überzogen die Küstenregionen nach der Flut. Zunächst wurde der Schaum einer unbekannten Algenart zugeordnet. Das noch ungesehene Verhalten des Schaums konnte die Annahme nicht bestätigen. Sobald dieser mit organischem Material in Berührung kommt, verwandelt er sich binnen Millisekunden in eine trockene kristalline Struktur. Eine Molekülanordnung ungesehener Art.

Das ungewöhnliche Verhalten dieses grünen Schaums verschaffte Noëlle und neunzehn anderen Forschenden den Abruf auf die F.S. Sonne II. Noëlle beschäftigt sich bereits seit Jahren intensiv mit biochemischen Oberflächenstrukturen. Genauer untersucht sie, wie sich Verbünde zwischen kleinsten Teilchen organisieren. Ein besseres Verständnis über molekulares Verhalten kann für Energiegewinnung neue Wege aufzeigen. Das ist Noëlles Antrieb. Angesichts der Ressourcenknappheit und der Energieprobleme ist Noëlles Forschungsbereich hoch dotiert. Eine unbekannte Molekülstruktur, die sich stark verändert? Das ist für Noëlle eine Riesenchance. Sie hatte sich direkt nach der ersten Meldung über das ungewöhnliche Verhalten des grünen Schaums mit ihren Kollegen an die Arbeit gemacht und erste Studiendesigns angelegt. Nach drei hastigen Wochen der Vorbereitungen und nach Abwarten der Aufräumarbeiten an den Küstenregionen legten sie ab, um Experimente direkt auf See durchzuführen. Die Forscher brauchen hochkonzentriertes Material.

Die wandernden Lichtreflexe im Raum und das leichte Hin- und Herwiegen des Schiffs lassen Noëlles Kopf langsam sinken. Sie ist wohl kurz eingenickt, als Rea sie von hinten antippt: „Noëlle! Sieh nur!", ruft sie aufgeregt. Noëlle hebt den Blick und traut ihren Augen nicht. In einem der Glaskästen leckt eine bläuliche Flamme. „Ist es das, was wir vermutet haben?!" Noëlle ringt nach Luft. Beide prüfen die Messwerte. „Keine Verbrennungsrückstände, keine Kohlenstoffdioxid-Erzeugung. Nicht auf Stufe 1, nicht auf Stufe 2, nicht auf Stufe 3. Hol die anderen!" Rea sendet eine Info an das gesamte Team. Noëlle spricht vor sich hin, während sie die Ergebnisse wieder und wieder sichtet. Gerade so leise, dass es Rea nicht hören kann. „Rückstandslos, kein Kohlenstoffdioxid und es wächst sogar nach… Donnerwetter." Rea wendet sich wieder Noëlle zu. Beide starren immer wieder gebannt auf das Flämmchen. „Wenn weitere Experimente unser Ergebnis bestätigen, dann haben wir gerade eine Antwort auf große Fragen und Probleme unserer Zeit gefunden. Einen Energielieferanten, der keine Rückstände hinterlässt und kein CO2 ausstößt? Weder Entsorgung ist nötig, noch hat es einen Einfluss auf das Klima." Noëlle spricht ehrfürchtig. Vor 66 Millionen Jahren hatte ein Meteoriteneinschlag die Geschichte der Erde verändert. Unvorstellbar viel Schwefel wurde in die Luft geschleudert. Die Temperaturen kühlten ab, die Dinosaurier und mit ihnen unzählige andere Lebewesen starben aus. „Dieses Mal hat der Einschlag Glück gebracht! Er kann die ganze Erdgeschichte verändern. Komplett! Kann das sein?" Rea runzelt die Stirn. „Noëlle, halt den Ball flach. Du bist echt eine Optimistin!", denkt sie.

Einige Hologramme von Forschern laden sich bereits in den

Raum, die Kommunikationskanäle knacken durch den großen An-
drang. Auch der Rest der Besatzung findet sich im Labor ein. Aufgeregt sprechen sie durcheinander und prüfen die Messwerte. Andere starren fasziniert auf die blaue Flamme. „Wir werden sehen.“,
sagt Rea an Noëlle gerichtet. „Wir werden sehen.“

2054, STUTTGART-KARLSRUHE: LILO

Liselotte, genannt Lilo, ist 39 Jahre alt. Es ist Donnerstag, der 17. September 2054, 18.20 Uhr. Sie ist zuhause, in ihrer Anlage für Hypersensitives Wohnen in Stuttgart-Karlsruhe.

Was bisher geschah:

2050 haben die Vereinten Nationen einen neuen Klimavertrag geschlossen. Ein Vertrag aus der Not. Es war bisher nicht gelungen, den Anstieg der Meeresspiegel zu bremsen. Allerdings scheint sich die späte Einigung als ein Scheinsieg zu erweisen, bietet sie doch keine Antwort auf die Fragen des rasanten Bevölkerungswachstums. Die Lebenserwartung von Menschen steigt schnell, schneller als der Zugriff auf Ressourcen organisiert werden kann. Der Zugang zu lebensverlängernden Technologien ist weltweit hoch unterschiedlich. Politische Entscheidungen werden seit den späten 30er Jahren nicht mehr von Menschen, sondern von global vernetzten Intelligenzsystemen vorbereitet. Die Rolle des Menschen im Politikgeschehen reduziert sich auf Informations- und Wissenstransfer. In den meisten Demokratien wird zwar noch gewählt, für den politischen Alltag bedeutender ist allerdings die laufende Erhebung von Zustimmung oder Ablehnung der Bevölkerung zu spezifischen Themen und die Prognose künftiger Reaktionen der Bevölkerung auf politische Schritte.

Seit Lilo in diese Wohnanlage für Hypersensitive gezogen ist, kann sie sich wieder spüren. Sie hat aber auch Glück: Ihr Zimmer ist vollständig unterirdisch. Kein Schall, kein Geruch, schon gar kein Licht dringt unkontrolliert und ungefiltert in ihre Wohnung ein. Lilos persönlicher digitaler Sensitivor balanciert ihre Umwelt laufend. Er kommuniziert mit den Leuchten, der Belüftung, dem Lebensmitteldrucker, um ihr Wohlbefinden Schritt für Schritt zu heben. Einzig mit dem integrierten Energiemanager der Wohnanlage treten immer wieder Abstimmungsprobleme auf. Als würden der Sensitivor und der Energiemanager um die Vorherrschaft in der Wohnung ringen.

Der altmodische Stuhl im Food Space ist Lilos liebster Denk- und Kommunikationsort. Von hier aus nimmt sie Information auf, von hier aus knüpft sie Netzwerke, von hier aus initiiert sie Kampagnen. Lilo macht Politik. Eine Unruhe treibt sie heute hoch. Die politischen Seismographen weisen Spannungen auf. Jahrzehntelang hatten Nationen, Unternehmen und Initiativen über den großen Vertrag von 2050 verhandelt. Die Antwort der Menschheit auf den Klimawandel sollte es werden, endlich. Gerade sind erste Wirkungen in den Klimadaten nachweisbar. Doch schon jetzt treten die ersten Risse in genau der Koalition auf, die den Vertrag eben erst getragen hatte. Chinesen, Inder, Pakistanis. Lilos politische Seismographen zeigen deutliche Signale von Verwerfungen an. Für Lilo ein Zeichen dafür, wie wenig das Klima für das Handeln in Südostasien bestimmend war. Immer nur ein Thema der Küsten, der Reichen, des Nordens. Warum auch sollten Gruppen sich mit dem Klima befassen, deren Hauptproblem die Bevölkerungsexplosion war? Immer mehr Menschen, ein immer längeres Leben, eine immer ungleichere Ressourcenverteilung. Seit Jahren geistert der Begriff eines neuen Kalten Krieges durch die politischen Foren. Die Grenze zwischen denen, die ein langes, gesundes Leben haben, und denen, die dies nur wollen, wird immer schärfer. Ein Kalter Krieg der Demografie.

„Eher ein Kalter Krieg des Lebens", schnaubt Lilo. Wer darf so lange leben, wie er will? Und wie soll das jemals verhandelt werden? Ein internationaler Vertrag wird dieses Ungleichgewicht niemals ins Lot bringen, davon ist Lilo überzeugt. Die alten Waffen des Politikbetriebs sind stumpf geworden. Einsame Grüppchen demonstrieren noch ab und zu vor den Parlamenten und hoffen auf virale Videobilder. Die Lobbyisten sowohl der Gesundheitsindustrie als auch der pazifischen Staaten schleichen weiter wie Schatten durch die Gänge des UN-Gebäudes. Ein Relikt der früheren Politikmaschine, professionelle Lobbyisten, die den Anschluss verloren haben. Am Sitz der Uno, wie auch im Palais du Luxembourg, in Westminster oder dem Berliner Reichstag wird schon lange keine Politik mehr gemacht.

Nach dem Einzug künstlich intelligenter Systeme in die praktische Regierungsarbeit hatte sich die Rolle der Parlamente verschoben. In der aktiven Meinungsbildung konnte der Parlamentsbetrieb

mit den Systemen der predictive politics schon lange nicht mehr
mithalten. Auf Basis größter Datenmengen wägen die Systeme der
Ministerien die politischen Optionen ab. Sie prognostizieren die
emotionalen Folgen von Entscheidungen, noch bevor sie getroffen
werden. Meinungsumfragen hatte schon lange keiner mehr ange-
stellt. Zu unscharf war das Bild, welches die Selbsteinschätzung von
Wählern abgibt. Inzwischen waren die politisch intelligenten Systeme selbst in der Lage, die Emotion der Bürger zu messen. Sie
können ihre gefühlten Bedürfnisse ermitteln und sie sogar vorhersagen. Damit wird schon in der politischen Debatte prognostizier-
bar, welche Realität ein neues Gesetz hervorbringen wird und,
mehr noch, welche Meinungen die Wähler als Reaktion darauf entwickeln werden. Die Meinungen von morgen leiten die Politik von
heute. Und seit die Algorithmen gelernt haben, diese künftigen Bedürfnisse für jeden Bürger individuell abzuschätzen, sind ihre Erkenntnisse zum neuen Standard der Politik geworden. Die korrelie-
rende Kausalität ist in die Politik eingezogen.

Die Politik als Data Science hat den politischen Raum auch
ganz praktisch verändert. Früher, erinnert Lilo sich, hatten Lehrer
und Juristen im Plenarsaal des Reichstags gesessen. Stunden um
Stunden waren sie zwischen Ausschüssen, Fraktion und Sitzungs-
saal hin- und hergeeilt. Sie waren schon lange überfordert abgetre-
ten. Emsig, aber letztlich wirkungslos. Mit der Wahl im vorigen
Jahr waren die letzten Recken des Politikbetriebs aus dem Bundes-
tag ausgeschieden. Im Parlament tummeln sich nun nur noch
transhumane Analysten, verwaschene Datenartisten, bleiche Algo-
rithmiker und zahlreiche Avatare, Assistenzen, einzelne Roboter.
Entscheidungen fällt kaum noch einer von ihnen. Sie sind die
Wachhunde des politischen Systems. „Leider vielfach mit dem Biss
eines Pudels ausgestattet." Lilo schüttelt langsam den Kopf. Sie alle
überprüfen die Präzision und Wirksamkeit der politischen Algorithmen, ihrer Vorhersagen, ihrer Ableitungen, ihre Bias-Faktoren.
Der Plenarsaal wird nur noch von versprengten Touristengruppen
und Kulturhistorikern besucht. Die Sitze der Regierung sind seit
Jahren leer. Kanzler und Minister gehören auch keiner Partei mehr
an. „Früher wurden Politiker für Überzeugungen gewählt." Lilo
erinnert sich an diese eigenwilligen alten EU-Broschüren für politische Bildung aus den 20ern, die sie an der Uni immer wieder kopf-
schüttelnd herumgereicht hatten. „Als ob die jemand hätte über-

prüfen können." Politiker werden heute nicht für Haltungen gewählt, sondern für Prognosen. Lilo kann für jeden Einzelnen öffentlich einsehen, wie gut die Vorhersagen seiner Fachbereiche sind, wie leistungsfähig die Intelligenzen und wie gut der unberechenbare Faktor Mensch eingegrenzt wird. Der Score zählt, in Echtzeit.

Lilo hatte sogar noch einmal einen Zeitungsartikel geschrieben, als Schülerin. Politisches Feuilleton, drei Spalten und ein Redakteur, der mit ihr über jeden zweiten Satz diskutieren wollte. Die Zeitung wurde schon lange nicht mehr aufgelegt. Lilo tigert durch ihre Zimmer. Vom Food Space in die Sleep Zone, in die Recreation Shell, durch den Inspiration Tunnel und wieder zurück. Der Sensitivor regt sich. „Wie einfach muss das doch gewesen sein, einfach raus auf die Straße, ein paar selbstgemalte Transparente, schlecht gedichtete Parolen, schon hält jemand eine Kamera drauf." Lilo ringt mit sich, ihrem Anspruch und ihrer Identität als politische Aktivistin. Sie träumt davon, die Daten zu verändern. Wer die stets hungrigen Mäuler der künstlichen Intelligenzen mit neuem Futter versorgen kann, müsste sie auch dazu bringen können, selbst zu anderen Ergebnissen zu kommen. Anderes Handeln führt zu anderen Daten und das wiederum zu anderen Analysen. Aber wird das je mehr als eine Randnotiz im digitalen Rauschen sein können? Ein paar Blogs, ein kurzer Hype, anschließend Kommerzialisierung und Ende. Das Muster ist bekannt. Ein Wisch, und der Spuk ist vorbei. Lilo dämmert es: Wer in der Politik einen Unterschied machen will, muss an die Sensoren heran. Wer die Sensoren füttert, ist direkt an der Schaltzentrale des politischen Betriebs.

Den Versuch wäre es wert. Schließlich kalibrieren sich die meisten Sensoren heute selbst. „Wer beeinflussen kann, wie die Sensoren messen, müsste doch …" Lilo dreht sich. Sie könnte europäische Sensoren während der Kalibrierung manipulieren und mit asiatischen Systemen rückkoppeln, dann könnte die Diskussion um den nächsten Schritt, hin zu noch längerem Leben in Europa, in einem neuen Licht erscheinen. Lilo hatte ihre persönliche Grenze schon vor langer Zeit bei 100 Jahren fixiert. Glatt und einfach, in gewisser Weise ästhetisch. Um sie herum, in der Welt da oben, gibt es immer mehr agile, immer noch leistungsfähigere Menschen. Ohne eine Rückkopplung mussten doch die politischen Kräfte immer stärker auseinanderdriften. Die Diskussion über den regionalen Fokus von künstlichen Intelligenzen hatte Lilo bislang immer für überzogen gehalten. Latent rassistisch sollten sie gar sein. „Lag das doch tiefer in den Strukturen der Algorithmen?"

Ihr digitaler Assistent scannt schon die Datenräume ihrer Peergroups, auf der Suche nach einem Echo: Wer handelt aus, welche Menschen immer länger leben dürfen? Gibt es dafür einen Preis? War das überhaupt verhandelbar? Lilo wird schwindelig. Ihre Hand zittert, ein Glas zerbricht mit einem lauten Klirren. Ihr Sensitivor schlägt augenblicklich aus. Das Geruchsmanagement ihrer Wohnung verschiebt die Luftcharakteristik von neutral zu sanft. Nur Schritt für Schritt fängt sie sich wieder.

2055, KÖLN: MIRA

Mira ist 40 Jahre alt. Es ist Montag, der 22. Februar 2055, noch früh am Morgen. Mira sitzt in ihrem Meeting-Raum in Köln.

Was bisher geschah:

Das Verhältnis zwischen Mensch, Maschine und Tier hat sich grundlegend verändert. Menschen arbeiten selbstverständlich mit reflektierten Maschinen zusammen. Mittels technologischer Erweiterungen des Körpers, sogenannter Addabilites, entsteht eine Verbindung zwischen Mensch, Maschine und Tier. Crosstalker schaffen ein Verständnis zwischen unterschiedlichen Spezies. Sie adressieren die Überforderung vieler Individuen, eine Folge multipler Kommunikationsmodi, und erweitern deren Wahrnehmungsmuster. Sie steigern messbar die neuen Vitalwerte der Gesellschaft: Interoperabilität, Simplizismus, Resonanz.

„Mira, dein Crosstalk fängt gleich an!", Miras persönliche digitale Assistenz BeCo macht sie auf ihr bevorstehendes Meeting aufmerksam. BeCo ist der beste persönliche Assistent, Kollege und Berater, den Mira sich wünschen und vorstellen kann. Zusammen geben die beiden das perfekte Digital-Human-Duo ab, ein DHD wie aus dem Bilderbuch. Für einen Moment erinnert sich Mira an einen Tag in ihrer Kindheit. „30 Jahre ist das nun schon her, dass ich das meiner Oma erzählt habe, was ich werden will", geht es ihr durch den Kopf. „Unglaublich, wie die Zeit vergeht!" Wer hätte gedacht, dass sie wirklich einmal Empathistin wird. Den Traumberuf, den sie sich als 10-Jährige ausgemalt hatte, lebt sie nun als festes Mitglied eines Crosstalker-Netzwerks. „Crosstalker" heißt es jetzt. „Empathist" war schon in den 1940ern aus der Mode gekommen.

Nicht nur Menschen sind Miras Kunden. Das DHD mit Mira und BeCo schafft Verständnis zwischen Menschen, Maschinen und sogar Tieren. Als Crosstalk-Duo sind sie derzeit sehr gefragt. Die Erweiterung der New Mental Therapy hat sich als Vorgehen in der Gegenwart mit neuen Akteuren fest etabliert. Oft kommen die

Teilnehmer nach einer solchen Crosstalk-Erfahrung besser miteinander zurecht. „Verstehen! Das Surplus unserer Zeit", denkt Mira. Verschiedene Spezies werden bei der Crosstalk-Session über Chips miteinander verbunden. Dadurch wird das Einfühlen in andere angebahnt. Der Effekt: Vorurteile werden abgebaut, die Eigenwahrnehmung geschärft und erweitert. Früher wurden Ansichten und Einstellungen in Form mühsamer, langwieriger Gespräche in Gruppentherapien bearbeitet. Heute muss niemand mehr sprechen, um ähnliche oder bessere Ergebnisse zu erzielen.

Jetzt sitzt Mira in ihrem hellen, frisch sterilisierten Crosstalk-Meeting-Raum. In fünf Minuten geht es los und Miras Kunden werden aufeinander treffen. BeCo bereitet die Daten auf und verschafft seiner menschlichen Duopartnerin Mira einen Überblick über die heutigen Teilnehmer. Da klopft es schon. Hannes steckt seinen Kopf zur Tür herein: „Bin ich hier richtig?" Mira begrüßt ihn herzlich. Dann wirft sie einen Blick in den Warteraum und winkt die anderen Teilnehmer herein. Ein Serviceroboter, ein Mann mit Vogel nehmen nebeneinander Platz. „Bevor wir richtig loslegen, möchte ich gern eine kurze Vorstellungsrunde machen. Sascha, der Kakadu Einstein und Hannes. Hannes, beginnst du bitte? Was ist dein zentrales Problem?", leitet Mira die Runde ein.

Hannes ist Cyborg. Ihm war vor den Operationen nicht klar, dass seine technologischen Add-ons neben den gewünschten Effekten auch Nebenwirkungen verursachen würden. Seit einiger Zeit leidet er mit seinen bionischen Augen schnell an Ermüdung. Von der Ultraschallerweiterung seiner Ohren hat er einen subjektiven Tinnitus entwickelt. Dieser macht sich in Form eines Dauerpiepsens im Kopf breit. „Hallo, ich bin Hannes. Im Moment leide ich darunter, dass niemand meine Schmerzen nachvollziehen kann. Ich fühle mich von der Welt unverstanden. Ich habe mir Augen und Ohren machen lassen. Viele beneiden mich um diese Sinne. Scharfer Blick, feines Gehör, aber keiner möchte mir zuhören, wenn ich klage. Es ist in letzter Zeit wirklich anstrengend mit dem Gepiepse."

Einstein, der Kakadu, fällt ihm ins Wort: „Was ist Gepiepse?" Der Kakadu Einstein war vor zwei Jahren als besonders interessanter Vogel in Saschas Labor aufgefallen. Er lässt sich sprachlich sehr gut trainieren und scheint fast alles zu verstehen. Sascha konnte bereits belegen, dass Einstein Chinesisch von Deutsch unterscheiden kann. Einstein nickt fleißig mit seinem weißen Köpfchen und seiner gelben Federhaube. „Er ist im wahrsten Sinne des Wortes der schrägste Vogel. Selbst in dieser kleinen Gruppe", denkt Sascha amüsiert. Bereits vor 40 Jahren hatten Vögel die erste große Runde unter den Hirnforschern gemacht. Es war damals regelrecht in Mode, die kognitiven Fähigkeiten der fliegenden Federtiere zu erforschen. „Was ist Gepiepse?", krächzt Einstein nochmals. „Es ist ein nicht enden wollender Ton im Kopf. Man hört ihn den ganzen Tag. Er bohrt sich durch Mark und Bein", klagt Hannes etwas genervt vom Einwand eines Vogels. „Aha!". Einstein bestätigt, dies verstanden zu haben.

„Ich bin Sascha. Ich habe derzeit Schwierigkeiten meinen Einstein weiter zu bringen. Er versteht unsere Sprache gut, aber irgendwas fehlt noch. Ich fände es spannend ihn technisch zu erweitern. Es wäre großartig, dem Vogel einen weiteren Zugang zu Lernsystemen zu verschaffen. Am besten mit künstlicher Intelligenz, die auf Tiere zugeschnitten ist. Einen Tiefenhirnstimulator hat er ja schon. Es fehlt also nur noch eine Erweiterung auf seiner Platine, die gute Schnittstellen zu seinem Gehirn bietet. Zudem müsste das KI-System wirklich auf die Lernfähigkeiten von Vögeln ausgerichtet sein. Man weiß ja aber gar nicht, wie diese sich genau von den unsrigen unterscheiden. Es wäre einfach hochspannend zu sehen, ob Einstein noch eindrucksvollere Fähigkeiten entwickeln kann." Einstein war eines der ersten Tiere, das in Saschas Labor versuchsweise mit Addabilities ausgestattet wurde. Sein Tiefenhirnstimulator regt das Sprachareal des Kakadugehirns magnetisch an. Dadurch lernt Einstein schneller.

„Und was ist mit Dir?", Mira wendet sich dem Serviceroboter zu. „Meine Körperhülle wird ständig mit unterschiedlichen Systemen bespielt. Mehrfach am Tag wechseln meine Einstellungen, die auf Menschen mit persönlichen Vorlieben und Bedürfnisse ausgerichtet werden. Bei so vielen Mustern wird es schwieriger, diese noch zu klassifizieren, den Mensch dahinter eindeutig zu erkennen und zu interpretieren." Der Serviceroboter arbeitet in einem Hochhauskomplex. Er erkennt Menschen, deren Stimmung und Bedürfnisse an deren Stimme. Er führt sie zu den richtigen Türen, erklärt, wo der Aufzug ist oder gibt Auskunft über das Wetter. Bei Bedarf erheitert er, schärft den Fokus und stellt Kontakt zu anderen Zentren her.

„Und Einstein?“, Mira bemüht sich dem Vogel Gehör zu verschaffen. Sascha und Hannes scheinen ihn nicht für voll zu nehmen. Die werden sich noch wundern. „Ich will dabei sein.“ Einstein nickt wieder. Mira lugt auf den Datenscreen von Sascha. „Bedürfnis eins, Sascha: Kakadu optimieren.“ BeCo protokolliert alle Wünsche und Ziele der Teilnehmer.

Jetzt ist sie selbst an der Reihe. Mira stellt sich kurz vor und erklärt die Idee des Crosstalks. „Mein Ziel ist es, eine Crosstalk-Erfahrung unter uns fünfen herzustellen. Viele Untersuchungen haben gezeigt, dass dadurch der eigene, oftmals starre Fokus auf ein Problem aufgelöst wird. Durch unsere Verbindung miteinander haben wir die Chance, unsere Probleme aus einer anderen Perspektive zu betrachten.“ Sie lächelt aufmunternd in die Runde und fährt fort: „Dadurch wird das Problem kleiner und steht nicht mehr im Mittelpunkt der eigenen Gedanken. In den nächsten 45 Minuten muss niemand von ihnen sprechen. Wir verbinden uns auf einer emotionalen Ebene.“ Auf dieses Stichwort hin aktiviert BeCo den Crosstalker. Mira startet mit der Verbindung aller Chips. Hannes Chip liegt gut sichtbar unter der Haut seines Oberarms. Der Chip des Serviceroboters befindet sich direkt neben dem Ladeanschluss oben in der Mitte. Bei Einstein ist es etwas schwieriger. Hier muss Mira mit einem Chip Finder arbeiten, denn die Federn verdecken den winzigen Halbleiterbaustein.

Mira und BeCo initialisieren den Synchronisationsprozess. Die Kunst besteht darin, den Ausgangszustand aller Teilnehmer zu identifizieren und dann alle behutsam auf ein gleiches Level zu bringen. Fährt man das System zu schnell hoch, kann es zu Muskelzittern kommen, schlimmstenfalls zu epileptischen Anfällen. Mira ist geübt und weiß, es geht um Geduld. Beim Hochfahren kombiniert Mira Datenströme: Echtzeitdaten der Chips sowie kontextsensitive Daten der Teilnehmer, von BeCo aufbereitet. Gibt es bekannte Verhaltensmuster? Wie beeinflusst die aktuelle Situation die Vitalparameter wie Herzschlag, Müdigkeitsgrad oder Wartungsfrequenz? Welchen Einfluss hat das aktuelle Gefühl auf die Funktionsparameter? Die Checkliste ist lang. Das Netzwerk berechnet alle Daten und blinkt nach fünf Minuten grün. Es geht los.

Jeder der fünf ist nun in der Lage, die emotionale Welt des anderen wahrzunehmen. Obwohl es fast nur Vitalparameter sind, die über die aktiven Chips einander angeglichen werden, beginnen alle Teilnehmer nachzudenken und nachzufühlen. Sie spüren die gleichen hastigen Atemzüge. Sie blinzeln synchron. Die Daten jedes Einzelnen werden abwechselnd auf alle Anwesenden übertragen, sodass jeder einmal den Stresspegel von Hannes wahrnimmt oder den pochenden Herzschlag von Sascha. Alle glauben, die komplexen Gefühlswelten der anderen zu verstehen. Mira weiß, dass ein Großteil dem Placebo-Effekt zu verdanken ist. An Technik glauben einfach alle. Zielgerichtete Erwartungen haben noch immer die größte Wirkung. „Hauptsache es wirkt", findet Mira. Sascha zum Beispiel kann plötzlich nachempfinden, wie es ist als Vorzeigevogel durch die Welt zu touren, wenn man doch eigentlich nur eine kleine, unspektakuläre Kakadu-Familie gründen möchte. Einstein merkt, dass Sascha ihn weiterbringen will. Hannes wiederum genießt es, ohne die eigenen starken Sinnesreize, an den Wahrnehmungswelten der anderen teilzuhaben. Die anderen hingegen können Hannes Stresslevel besser einordnen. Besonders angenehm empfinden es alle, sich in Einstein hineinzuversetzen. Er erscheint weniger kompliziert als die anderen Teilnehmer. Genau aus diesem Grund arbeiten Mira und BeCo besonders gern mit Tieren. Sie schärfen den Blick für das Wesentliche. Die 45 Minuten vergehen wie im Flug.

BeCo fährt die Verbindung herunter, Mira beendet die Setzung.

2060, ZÜRICH: DAVID

David ist 45 Jahre alt. Es ist der 13. April 2060, nachmittags. David durchsucht seine Wohnung.

Was bisher geschah:

2017 startete die erste Kadaverstudie, die hirntote Menschen wieder zum Leben erwecken sollte. Seit 2030 hat sich die Pharmaindustrie und Medizin nach 100 Jahren Symptombehandlung ohne Heilungserfolge der proaktiven, kontinuierlichen Präventions- und Optimierungsmedikation verschrieben. Menschen leben mit Predicitve Diagnostics und Preventive Interventions gesund und genetisch optimiert, bespielt von der Klaviatur der veranlagungssensitiven Immunmodulation. Grippe, Gelbsucht, HIV und Krebs sind beherrschbar geworden. Zeitgleich steigt die Anzahl von Autoimmunerkrankungen, psychosomatischen und neurodegenerativen Erkrankungen stark an.

David wühlt panisch in seinen digitalen Files. „Daviiiiiid!" Carla eilt durch den Flur. „Daviiiiiid! Wir müssen los! Vergiss Deinen Bonusscore nicht!" David ist schon ganz verschwitzt. Sein intelligentes Assistenzsystem Kassandra hat ihm bereits mehrfach zugeflüstert, dass sein Bonusscore seit Jahren lückenhaft ist. Auch, dass er Carla dies früher oder später gestehen sollte. Sie würde es sonst selbst herausfinden. Wozu also das hektische Wirbeln im Datenstaub? Um Carla in der Rolle des Chaoten zu gefallen? Diese Eigenschaft liebt sie ja an ihm. Die Wahrheit, dass er keine Optimierungen mehr durchlaufen hatte, wäre für Carla eine herbe Enttäuschung. Nicht der Tatsache an sich wegen, die Unehrlichkeit wäre ihr Problem. Eigentlich war David sehr ehrlich zu ihr. Das liebt sie an ihm. Genau wie seine chaotisch und neugierige Art.

Der medizinische Experimentierkönig David geht mit Leidenschaft der Frage nach, wie sich der menschliche Körper ohne Optimierungen selbst reguliert. Das „ohne alles" zieht ihn seit einigen Jahren magisch an. Früher dachte er darüber noch ziemlich anders.

Da wollte er jede erdenkliche Körperoptimierung haben und an sich selbst erkunden, ganz vorne mit dabei sein. Ganz vorne mit dabei sein will er immer noch, nur mit einer anderen Ausrichtung. David findet, der Optimierungsgedanke ist ein Modell. Und: Modelle sind zum Sprengen da. Er beforscht passioniert, nahezu besessen, das Immunsystem. Es ist auch mehr als faszinierend, dass ein Körper sich von Krankheiten, auch ohne Zutun, mit einem hochintelligenten Mechanismus selbst heilen kann. Mit einem Heer von Wächtern, die Krankheitserreger abwehren, ja sogar abtöten. Als Menschen noch keine Medikamente nahmen, überlebten sie damit ja auch eine erstaunlich lange Weile. Klar wurden sie zwischendurch krank. Wie David heute denkt, ist das Kranksein eine etwas unbequeme Warteschleife, die Gesundheit verstärkt. Der Vorbeugegedanke der Optimierungsära, der diese Warteschleifen gar nicht erst entstehen lässt, muss, laut David, Auswirkungen auf das Immunsystem haben. Mit dieser Ausgangsvermutung verschreibt sich David der Untersuchung unbequemer Warteschleifen. Er spielt mit ihnen, er macht Tests mit echtem Fieber und Infekten, um seinen Fragen nachzugehen. Für das Durchleben der Krankheiten kommt natürlich keiner seiner Kunden in Frage. So ist David selbst sein Studienobjekt. Er durchläuft fast ausgestorbene Infekte, verschiedene Grippearten, er hat Fieber, Husten, Gliederschmerzen, Schüttelfrost und Gelbsucht. All dies zu einer Zeit, in der die Prävention von Symptomen einfacher Krankheiten keinen Platz hat, in einer Zeit, in der die letzte Wirksamkeit von Antibiotikum bereits zehn Jahre zurückliegt.

Mit den Experimenten folgt er seiner Intuition und greift auf Medizinideen der 1920er und 2020er zurück. Einige Punkte scheinen ihm Recht zu geben: 80% seiner Kunden leiden an Autoimmunerkrankungen. In diesen Fällen richtet sich das Immunsystem nicht gegen Eindringlinge, sondern gegen den eigenen Körper, genau falsch herum. Nicht nur die Anzahl der Betroffenen solcher kaputten Immunsysteme schnellt seit Jahren in die Höhe. Neue Allergien schießen wie Pilze aus dem Boden. David hingegen ist, wie einige andere ohne Genoptimierung und proaktive Prävention, für Autoimmunerkrankungen nicht besonders anfällig. Er und die anderen Nicht-Optimierten scheinen in mancherlei Hinsicht mit ihrem naturbelassenen Abwehrsystem im Vorteil, denn dieses kämpft nicht gegen sich selbst.

„Daviiiid, wir müssen los!...Was ist denn nun mit dem Bonusscore, hast du ihn gefunden?", Carla steckt den Kopf in den Raum. Direkt wirbelt David seine Geliebte durch die Luft und gibt ihr einen übertrieben herzhaften Kuss. Das perfekte Ablenkungsmanöver vom Bonusscore. „Schatz, lass uns auf das eigentlich Wichtige konzentrieren. Auf Dich! Du wurdest schließlich positiv getestet!" Carlas Daily Scores zeigten in den letzten Monaten einen immer rapideren Anstieg von Krebszellen an. Sie schlingt die Arme um David, ihre Augen strahlen. Wundervoll und ungewöhnlich, dass David, ihr kleiner Chaot, ihr heute endlich auch mal die angemessene Aufmerksamkeit zukommen lässt. Auch angemessen, denn er weiß, wie groß dieser Tag für sie ist. Heute kann sie endlich das erste Mal zur Krebszellenspende gehen. Ihr Bonusscore wird explodieren. Das Umlenken von Carlas Fokus, weg von Davids Bonusscore, hatte tatsächlich funktioniert.

Krebszellenspenden sind seit zwei Jahren in aller Munde. David hatte Carla schon vor fünf Jahren begeistert von Krebszellenspenden in den USA und China vorgeschwärmt. Ihr selbst erschien die Idee, die „bösen" Zellen als „nützlich" zu deklarieren, lange absurd. „Seit 50 Jahren versucht man die genetische Stärke von Viren und Krebszellen umzukehren. Deren Genmaterial ist wirklich faszinierend. Es ist fast unzerstörbar, proaktiv, robust. Es ist stärker als das von organisch komplexeren Wesen. Eine ganze Pharmaära hat sich eine goldene Nase damit verdient, die häufigsten Krankheiten der Industrienationen kostspielig mit kurzatmigen Lebensverlängerungsmaßnahmen zu bespielen. Genau da dreht sich der Spieß jetzt aber um...", hatte David Carla oft vorlamentiert. Vor Krebs gewappnet sein, bevor er da ist, war bisher doch immer die Devise. Krebs, das zentral „Böse". „Heute nutzen wir die Kraft genau dieser „bösen" Zellen für uns. Wir verwandeln unsere Schwäche sozusagen in Kraft. Wir konnten mit der Power von Krebszellen ja erst nur totes Gewebe beleben. Dann kamen aber ganze Organe...und jetzt klappt es sogar schon mit kleineren Kreisläufen! Wenn man spendet, vielleicht geht das irgendwann auch mit dem ganzen Körper?!" Wie oft David dies seiner Carla vorgetragen hatte.
Carla hat mit ihrem Krebszellenzuwachs also einen Volltreffer gelandet! Nicht nur ihr Bonusscore würde sich freuen. Dieser Schritt

hat für Carla viel größere Bedeutung. Sie hat das Gefühl mithelfen zu können, Menschen wieder zum Leben zu erwecken.

2063, HAIKOU: MO

Mo ist 48 Jahre alt. Er ist zu Besuch bei seinem Freund Pedro nahe Haikou. Es ist der 13. Juni, spätnachmittags und sie sind auf dem Weg zum Strand.

Was bisher geschah:

Seit 2020 investieren immer mehr Menschen in ihre zweite Chance zu leben und in die Unsterblichkeit. Ganze Industriezweige arbeiten seit 2015 an dem Versuch, das Gehirn, nebst daran geknüpften Konzepten von „Bewusstsein" und „Mind", in ein elektronisches Abbild zu übersetzen. Der Quantencomputer hat seit den 2040er Jahren die Welt verändert. China ist längst die Weltmacht.

Es geht einmal mehr um die Aufklärung. Um die Aufklärung, die so oft in der Geschichte der Wissenschaft auftaucht. Zuletzt in der Physik, die sich selbst in ihre Einzelteile zerlegt hatte. Ja, die Aufklärung, bei der Mo und Pedro dabei waren. Sie hatten sich einige Jahre aus den Augen verloren, denn Pedro hatte sich Ende der 30er der Gehirnforschung zugewandt. Damals, vor über 20 Jahren, als euphorischer Pilzkopf, hatte er mit Mo im Coviditorium Physik gepaukt und war in jugendlicher Eitelkeit auf der Erkenntniswelle gesurft. Damals glaubten beide, ihnen gehöre die Welt. Die Alten hätten nichts begriffen, und die Jungen seien an der Reihe.

Die Gehirnforscher, die Pedro nun in einer Firma namens „Mind Y" begleitete, arbeiteten seit fast einem halben Jahrhundert an der Entschlüsselung des Gehirns. Destination: Mind upload. Pedro war als Quantennetzwerker angeheuert worden, weil er ein talentierter Komplexdenker ist. Und solch kluge Köpfe, so dachte man, können das Unmögliche möglich machen: Sie könnten aus Bergen von Daten des Gehirns Sinn sieben. Sie könnten Gedanken lesbar machen. Sie könnten Gedanken für die Außenwelt wie ein Hologramm sichtbar und lebendig werden lassen. Doch Mo und Pedro wissen: Es handelt sich bei Daten des Gehirns um hochkomplexes, biochemisch bedingtes elektronisches Rauschen. Das Einzige, was aus einem kleinen Anteil dieses Rauschens errechnet werden kann: Muster. Diese Muster beschreiben Daten, die mit verhältnismäßig ungenauen Sensoren, wie so oft in der Wissenschaft eine physisch-technologische Einschränkung, erhoben werden. War das nicht schon damals in der Physik so, dass die Außenwelt um die Physik herum das Beschreiben von Phänomenen mit dem Verstehen verwechselt und vorschnell als Wahrheit verwendet hatte?

Die Daten des Gehirns beschreiben, wie hoch die Spannungszustände in verschiedenen Arealen des Gehirns sind, wie dicht Gewebe ist, wie schnell Signale weitergeleitet werden können, wo sich die Signale verteilen und vieles mehr. Man hat sogar die Kartierung allmählich personalisiert und Verfahren entwickelt, die in kurzer Zeit Funktionszusammenhänge in einer Mind Map abbilden. Ein Problem bleibt jedoch: Die Daten werden mit Sensoren gemessen, die nur einen kleinen Teil erfassen können. Ein noch größeres Problem: Die Messung erfolgt an einem dynamisch-offenen System. Also an einem System, welches nicht abgeschlossen und dazu auch noch beweglich ist, ja, sich ständig verändert, auch in seiner inneren Struktur. Alles was man hört, sieht, fühlt oder riecht, hinterlässt eine Spur. Die Spur verändert nicht nur die Spannung und Dichte von Gewebe. Sie verformt wörtlich einen kleinen Teil der Nervenautobahnen, neue Bahnen wachsen, unbefahrene Bahnen bilden sich zurück, einige werden sogar überschrieben. Der neuroplastische Prozess. Das allergrößte Problem ist jedoch: Das Gehirn ist mit dem Rest des Körpers verbunden, so wie auch der Körper mit der Außenwelt verbunden ist. Keiner dieser Teile kann ohne den anderen existieren. Die Haut ist ein atmender Sensor, der uns sagt, ob es kalt oder warm ist. Zugleich informiert er das vegetative System über den aktuellen Zustand. Das vegetative System ordnet schwitzen oder ein Muskelzittern an. Weiß die Haut, es ist kalt, zieht sich der Körper sogar andere Stoffe aus der Nahrung. Alles passiert zeitgleich. Ein nicht bestimmbares und sich andauernd veränderndes System ist das Gehirn im Verbund mit Körper und Außenwelt: Welches Sensornetzwerk der Welt sollte solch ein System bestimmen können? Zwar werden persönliche Daten mit Gehirndaten kombiniert, dennoch: Es reicht nicht aus, um die innerlich erlebte Gedankenwelt für außen sichtbar, präzise lesbar, nachvollziehbar oder nacherlebbar zu machen. Oder gar… Aber darauf kommen wir gleich.

Pedro hatte sich bei Mo gemeldet, um über seine Sorgen zu sprechen. Denn der Druck von außen wächst. Erst die reichen Silicon Valley Unternehmer, dann Freaks und Wichtigtuer, und dann plötzlich alle möglichen Menschen hatten sehr viel investiert, um ihren Traum wahr werden zu lassen: Ein Platz auf der Warteliste für den Mind upload. Das Angebot von Mind Y ist es, das eigene Bewusstsein aufzunehmen und zu speichern, um es dann zu kopieren und zu vervielfachen. Andere können so das Denken mit ansehen? Aber es geht nicht um die anderen. Es geht um eine völlig neue Dimension des Menschen selbst. Was damit möglich wird, ist ein Leben ohne Körper! Ein Leben ohne Körper heißt, über die unvorstellbare Option zu verfügen, für immer leben zu können. Sogar während man noch in seinem Körper lebt, kann man ein weiteres Leben beginnen. Unbeobachtet von der gewohnten Welt, in einem virtuellen Raum, in dem man zeitgleich ein völlig anderes Leben führen kann.

Die Kunden glauben dem Versprechen. Sie glauben an einen Bewohner in ihren Köpfen namens Bewusstsein, den man dort abgeschlossen wie in einer Dachgeschosswohnung festhalten kann. Eine wahrlich schöne Illusion, das Bewusstsein wohne im Gehirn. Eigentlich hätte Pedro alles wissen können, schon damals als er bei Mind Y anfing. Mehr als 150.000 Kunden, die auf den Tag warten an dem das Versprechen eingelöst wird. Mo schüttelt den Kopf. Während er dies tut, schüttelt er alles Mögliche: Gehirnmasse, elektrische Bewegung und wilde Strukturen. Nur eines schüttelt er sicher nicht: sein Bewusstsein. In seinem Kopf gibt es keinen Bewohner, den er aus diesem komplexen Gewebe einfach abholen und in einem technischen System, inklusive Bedeutung und Erlebnisräumen seines gesamten Lebens, absetzen kann.
„Wie soll ich mit solch einem Versprechen umgehen, das nicht eingehalten werden kann? Eine ganze Generation glaubt daran", sagt Pedro zu Mo gewandt. Mo legt seine Hand freundschaftlich auf Pedros Schulter. Doch einen kleinen neckischen Kommentar kann er sich nicht verkneifen: „Wir hatten das doch schon einmal, Pedro. Da Capo – oder was?" Pedro bemüht sich, wenigstens einen seiner Mundwinkel nach oben zu ziehen. „Es ist ja nicht nur das, Mo." Mo kichert. Pedro findet das Kichern vollkommen unpassend. „Wieso stolpern die Menschen eigentlich immer wieder über die gleichen Fallstricke?" Damals vor 20 Jahren im Coviditorium hat-

ten sie doch schon die Erkenntnis gefeiert, dass genau dies ein Fehler war: Es war ein Fehler zu glauben, dass Information in Unendlichkeit beherrschbar sei. Sie, die wilden Pilzköpfe, hatten schon einmal eingesehen, dass Wortkonzepte immer nur einen kontrollierten Teilausschnitt zeigten. Ähnlich, wie jedes physikalische Modell nur einen Ausschnitt zeigt – und kein großes Ganzes. „Wie soll man damit umgehen, Mo? Mit Ehre und Stolz? Mit Mut zur Lücke? Oder mit einem Verweis im Kaufvertrag: Der Einsatz des Bewusstseins bedarf weiterer 100 Jahre Reifung. Garantiert wirksam."

Die beiden Männer setzen sich auf eine Bank am Meer. Die Wellen rauschen, endlose Weiten, ein leicht gekrümmter Horizont, die Sonne sinkt. Nach und nach verfärbt sie sich in einen leuchtend orangenen Ball, wird größer und größer und verschwindet hinter dem Horizont. Der Strand und die beiden Männer werden von einem beruhigenden Dunkelblau verschluckt.

„Ich muss mich nicht vor den Wissenschaftlern rechtfertigen. Diesmal ist es etwas anderes. Es sind die Kunden. Sie wohnen auf der ganzen Welt. Sie haben ihr Leben übermütig, teils maßlos, teils passiv und schlampig geführt, weil sie glauben, den Joker in der Tasche zu haben: Eine zweite Chance. Und eine dritte. Keiner hat diesen Kunden je die Wahrheit gesagt." Im Gegenteil, gerade Mind Y hatte sich immer wieder als besonders kreativ in der Wortwahl gezeigt. Mo wird etwas verlegen, denn er sieht, wie Pedro eine Träne aus dem linken Augenwinkel kullert. Er drückt Pedro. Und Pedro drückt ihn zurück. „Menschen, die dafür so viel investieren möchten, werden vielleicht allein von der Hoffnung glücklich und zufrieden. Glaube kann doch ganz viel Angst nehmen und das Gefühl von Sicherheit erhöhen. Danach sehnen sie sich doch."

„Einst war es der Körper, getrennt vom Geist. Einst war es das Herz, ohne welches der Körper nicht leben konnte. Einst war es das Gehirn, welches Körper, Geist und Herz steuerte. Jetzt ist alles ein oszillierendes Feld." Mo ist angesteckt von Pedros Melancholie. Er kreist in seiner eitlen Ich-bin-so-intelligent-Kurve. Er entlarvt sich selbst, schämt sich kurz. Das ist nun wirklich nicht der richtige Moment. Freundschaft zeigen, Geschenk geben. Der arme Pedro. Er braucht eine Aufheiterung. Das Geschenk ist etwas ganz Besonderes. So weit war es mit ihm gereist. Und es ist ganz schön alt: Die Originalfassung des Whole Earth Catalogues, The Magazine of Fine Computing. Eine Ausgabe aus dem Jahr 1968, ein Juwel für Kybernetikfreaks. Und er trifft damit bei Pedro ins Schwarze, welcher sichtlich bewegt das Cover begutachtet. Er blättert behutsam in dem Magazin. Die Augen der beiden Freunde bleiben an einer IBM-Werbung hängen: "Think about what you gain from a personal computer. If you are uncertain, either wait or buy cheap and do some exploring."

2065, LHASA: LEO

Leo ist 50 Jahre alt. Es ist Sonntag, der 23. August 2065, am Nachmittag. Leo betritt die New Born Life Ranch in Lhasa, Tibet.

Was bisher geschah:

Replikation erfolgt über Genpoolmatching, die Reifung des Fötus findet in einer künstlichen Gebärmutter statt. Beziehungen haben sich stark verändert. Eltern sind nicht automatisch Liebes- oder Sexualpartner in vorab etablierten Vater- und Mutterrollen. Unterschiedlichste Formen von Partnerschaften, wie beispielsweise polyamouröse Beziehungen, sind gesellschaftlich anerkannt und werden durch individuelle Lebenspartnerschaftsverträge geregelt.

Leo wäre so gern einen Augenblick allein. Für fünf Minuten wenigstens. Es ist das erste Mal in seinem Leben, dass ihm eine Situation besonders intim erscheint. Woher dieses Gefühl kommt? Er weiß es nicht. Vielleicht daher, dass es das erste Mal ist, dass noch andere Personen dem kleinen Menschen beim Wachsen zusehen. Bisher war Leo nur mit seiner Genpoolpartnerin Tora in die New Born Life Ranch hier nach Lhasa gekommen. Leo und Tora hatten sich für diesen Ort entschieden, weil sie mit Tibet etwas Ehrwürdiges verbinden. Es erschien ihnen die perfekte Umgebung für die Entstehung eines neuen Lebens, für die Reifung und Geburt ihres gemeinsamen Kindes.

Als alle gemeinsam um den kleinen Brutkasten herum stehen, kommt es Leo ein bisschen vor wie bei einem Besuch im Zoo. Er kann den Blick nicht heben und den elf Augenpaaren der geladenen Gäste begegnen. Er schafft es im Moment einfach nicht. Die Silhouetten der vielen Augen spiegeln sich am zylindrischen Glaskasten. Leo blendet sie aus und konzentriert sich auf das kleine Ungeborene, welches hinter der Glasscheibe in einer warmen, durchsichtigen Flüssigkeit liegt.

„Bezaubernd, seine rosafarbenen Füßchen", geht es dem werden-
den Vater durch den Kopf. Er ist entzückt von dem, was er sieht.
Er bestaunt die sich langsam ausformenden Zehen, die sich an den
hautfarbenen Ballen abzeichnen. Er begutachtet das eingerollte
Köpfchen. Dann zählt Leo leise die weichen Wirbelchen, die sich
als Kette auf dem runden Rücken des Geschöpfs abzeichnen. Es ist
Leos erstes Kind. Noch nie hatte er solch ein Gefühl von Zärtlich-
keit für jemanden empfunden. Zart ist auch der Gedanke, der ihm
kommt, wenn er an den langen und unbekannten Weg denkt, den
dieses Wesen vor sich hat. „Geschützt und glücklich sollst du sein.
Ich werde alles in meiner Macht Stehende tun, um dein noch unge-
schriebenes Leben mit Liebe zu füllen. Und mit vielen magischen
Momenten." Leo malt sich die Zukunft des zierlichen Menschen
vor ihm aus.

„Tora hat sicher ähnliche Gedanken", vermutet er. Sie kennen
sich noch nicht lange. Dank des zusammen erlebten Wunders entwickeln sie allmählich eine gemeinsame, vertraute Sprache. Wie sie
dieses Ereignis bewegt und wie seltsam es ihnen manchmal vor-
kommt – diese Gedanken teilen sie mehr und mehr miteinander. So
urvertraut wie mit Henk und Louise wird es aber nie werden. Henk
und Louise sind Leos Lebenspartner. Seit fünf Jahren leben sie in
einer Wohngemeinschaft und führen gleichzeitig eine aufregende
Dreiecksbeziehung. Diese Form der Partnerschaft hat sich neben
Viererbeziehungen aller Couleur etabliert und wird oft mit indivi-
duellen Lebenspartnerschaftsverträgen geregelt. Ehepaare gibt es
zwar noch, neue Ehen werden nicht mehr geschlossen. Ein Algorithmus berechnet in Echtzeit, wie weit sich jeder individuell ausle-
ben darf, um das Vertrauen zwischen allen Partnern zu bewahren.
Die Partnerschaft mit Henk und Louise ist Leos erstes Beziehungs-
geflecht, das die Drei-Jahres-Marke überschreitet. „Mit Vivi war ich
immerhin zweieinhalb Jahre zusammen", erinnert sich Leo, als er
für einen kurzen Moment an seine 20er zurückdenkt. Er und seine
frühere Mitbewohnerin Vivienne hatten sich damals so gut verstanden und konnten auf derart vertraute Weise alles miteinander
teilen, dass sie schließlich ein Paar wurden. „Was Vivi jetzt wohl
macht?" Seit Leo mit Henk und Louise zusammen ist, hat er nichts
mehr von Vivienne gehört.

Leo hat Henk und Louise schon viele Male von seinen Sorgen und Glücksgefühlen erzählt, welche das Menschlein im Brutkasten in ihm auslöst. Es ist eine erstaunliche Erfahrung für Leo. Erstaunlich findet er ebenfalls, dass er mit Tora eine ganz andere Ebene der Zuneigung erfährt. Er merkt, dass sie miteinander verbunden sind. Henk hatte das ebenfalls beobachtet. Wenn das Replikationspaar mit weichen und zärtlichen Gesichtsausdrücken von dem kleinen Menschen spricht, dann spürt Henk diese Einheit und Verbindung. Die persönliche Ebene zwischen Leo und Tora ist ein echter Glückstreffer, denn das alleinige Matching des Genpools muss nicht zwangsläufig zu Sympathie unter den genetischen Idealpartnern führen.

Tora gibt einen Laut der Verzückung von sich. Sie weicht von dem Glaskasten zurück. Ihr Blick richtet sich auf das kleine Stirnrunzeln. Die Zeit scheint still zu stehen. Auch Leo ist wie gebannt. Ein verstohlenes Räuspern holt die beiden zurück ins Geschehen. Die elf Augenpaare, die sich an der Glaswand spiegeln, sind noch immer da. Leo spürt, wie eine fremde Hand die seine sucht.

Und plötzlich, für Leo und Tora viel zu abrupt, fassen sich alle an den Händen und heben zum üblichen Lied an. Aus voller Kehle. Zum Glück ist eine künstliche Gebärmutter so gut wie schalldicht. Die Töne sind schief, aber herzlich: „Du bist nie allein. Du wirst immer bei uns sein. Wie lange noch, wie lange noch…Wir sind dabei, wir warten schon…". Leo wird nacheinander von all seinen Gästen umarmt. Währenddessen steht Tora unbeteiligt am Rand. Leo nimmt dies wahr und wendet sich ihr zu: „Kannst du dich noch an unser erstes Treffen erinnern?". Als sie sich zum ersten Mal begegneten, wussten sie schon, dass sie gemeinsam Eltern werden. Ihre Genkombination war die beste Ausgangslage, auf die das Labor in diesem Jahr gestoßen war. Veranlagungen zu unheilbaren Krankheiten konnten gänzlich ausgeschlossen werden. Was das Geschlecht betrifft, entschieden sie gemeinsam, sich überraschen zu lassen.

Sie lachen sich an und drehen sich fast synchron dem Brutkasten zu. Hatte das kleine Wesen gerade geblinzelt? Leo und Tora sehen sich überrascht an und lachen noch einmal.

2067, STENNIS: ORALIE

Oralie ist 48 Jahre alt. Es ist der 12. November 2067, 7.45 Uhr. Oralie macht den Rundgang im Stennis Space Center.

Was bisher geschah:

Seit 20 Jahren arbeiten CNSA, NASA und ESA gezielt an der Vorbereitung erster Siedlungsformate auf dem Mars. Ein großer Schwerpunkt wird auf die psychisch-physische Vorbereitung der Astronauten für das Leben auf dem Mars gelegt. Das Konzept der emotionalen Impfung erweist sich als nützlich, um prognostizierten Traumata vorzubeugen. Der Wettbewerb um den Start einer menschengesteuerten Fortsetzung der Evolution des Homo Sapiens auf dem Mars beginnt.

Endlich, die Gurte werden gelöst. Alles dreht sich, Oralie ist übel. Fünfzehn Minuten war sie nun in der kreisenden Zentrifuge. Oralies Augen springen hin und her. „Was sehen Sie?", fragt der Mann im Kittel. Sie kneift die Augen zusammen, versucht zu fokussieren. Nichts als tanzende Schemen des Manns im Kittel. Eine Spritze wird gesetzt. Das Springen der Augen verlangsamt sich und kommt zur Ruhe. „Laborstudie Gravitationsbiologie", Oralie spricht leise aus, was sie auf der Tafel vor sich erkennen kann. „Sehr gut. Dann gehen wir direkt weiter zum nächsten Test. Bitte gehen sie nun möglichst schnell, jedoch ohne zu laufen, präzise auf der roten Linie", lenkt der Mann im Kittel Oralie weiter zum Seiltänzertest. Vor Oralie schwingt eine rote Sinuswelle auf dem Boden, hin und her. Fuß vor Fuß. „Tief ausatmen!" So schnell wie die Maske an ihren Mund gehalten wird, kann Oralie gar nicht gucken. „Wir sehen uns morgen um 8.15 Uhr wieder. Die Werte sind in Ordnung."

Oralie zieht die Tür hinter sich zu. Sie tastet in ihrer weißen Cargohose nach den Smart Chewing Gums. Nach den Tests, insbesondere nach dieser Atemmaskentestung, hat sie oft einen trockenen Mund. Endlich ist Tag 8 durchlaufen. Space Mind Panels,

Group Force Tests, Krafttraining, Strahlenlabor, Space Nutrition Lab, Metabolism Lab. Sie hatte schon viel erledigt diese Woche. „Wie naiv ich früher war", Oralie lächelt in sich hinein. Die Strapazen, die sie in den vergangenen Tagen auf sich nehmen musste, haben ihre Astronautenromantik etwas entzaubert. „Oralie Ho, bitte", der Roboter holt sie ab, um den Kaugummi zu entnehmen. Auch dieser landet, wie fast alles, was Oralie ausscheidet, direkt im Metabolism Lab. Das Kaugummi gibt hochauflösend Auskunft über Oralies Stresspegel.

Der Roboter geleitet Oralie in den künstlichen Park hinaus. Oralie ahnt, was sie ereilen wird. Es ist wieder Zeit, ihre prognostizierten Traumata zu bändigen. Der unechte Park ist eine Treatment Area des Simulationscenters. Bereits vergangenes Jahr wurde ihr die Predicitve Affect Vaccination, kurz PAV, verordnet. Eine Impfung, die ihren zukünftigen Traumata vorbeugt. Mit Behandlungen, die sie in einer der vielen Treatment Areas erlebt. Ein fixierter Time Code und festgelegte Dosen der PAV trainieren Oralies emotionales Immunsystem, um schädliche Affektzustände abzuwehren, zu normalisieren. Im Idealfall: die Anfälligkeit hierfür sogar auszulöschen. Oralie wird in kontrollierten Settings gezielt Extremsituationen ausgesetzt. Erst in negative und dann in positive Situationen. Die Situationen holen Oralie heute in die prognostizierten Affektzustände der Zukunft. Zu Oralies PAV-Schwerpunkten zählen die Gefühle von Einsamkeit, Fremde, Isolation, Verlust, Abschiedstrauer, Sehnsucht und Expressionsarmut.

Im Park wird sie durchleben, wie ihr Dinge der Welt entgleiten, weggenommen und förmlich entrissen werden. Die Gewohnheit von Tag und Nacht, von der Sicht auf Sonne und Mond, der frisch riechenden Frühlingsluft oder Schnee, Windgeräusche und Vogelgezwitscher, das Nachgeben von feuchter Erde unter den Füßen, die Haptik von Rasen und Metall. Es ist der Abschied vom Planeten Erde, den sie liebt. Sie setzt sich auf den Rasen und zupft Gras. In ihren Händen verdorren die Halme. Schleichend breitet sich eine betäubende Kälte aus. Das Gras, auf dem sie sitzt, verschwindet, die Erde verkarstet und verfärbt sich rot. Der Boden gefriert, Oralie zittert. Ihre Hände laufen bläulich an. Der Himmel, gerade noch taghell, leuchtend blau, schließt sich. Es wird dunkel, stockdunkel. Oralies Brustkorb schnürt sich von innen zu. Ihr schaudert, sie spürt Enge. Die Dunkelheit, die Kälte, beide nehmen zu – und es hört und hört nicht auf. Plötzlich ist für zehn Sekunden alles taglichthell, grün, man hört Vögelchen, Oralie kann Wärme spüren, sie atmet kurz auf. Und erneut bricht es wieder auf sie ein: Alles wird ihr entrissen. Diesmal tut es richtig weh, ein Schmerz bohrt sich in Oralies Bauchraum. Sie wird in ein dunkles, rotkarstiges, kaltes Gebiet geschleudert. Sie friert bitterlich. „Es wird vorbeigehen, es wird so kommen, ich werde damit umgehen lernen“, innerlich sagt sie kreisend auf, was ihr das Warten bis zur Erlösung aus dieser grausamen Situation kürzen soll. Oralie schüttelt es, sie krampft, erstarrt, sie fühlt sich wie betäubt, ihre Ohren rauschen. Der Schmerz bohrt sich weiter in ihren Herzraum. Sie schluchzt. Umso öfter sie Abschied vom Planeten Erde nähme, desto unerschrockener könne sie auf die neuen Welten zugehen, sagen die PAV-Panels. Der Gedanke, nie mehr diesen Himmel über sich zu haben, scheint der sonst so wilden Dame unvorstellbar. Sie beginnt zu schreien und um sich zu schlagen. Es reicht, es reicht.

Grelles Licht geht an. Es wird warm. „Der Boden, der Boden verändert sich nicht zurück in den kurzen Rasen.“, stellt Oralie entsetzt für sich selbst fest. Er bleibt rot. Zwei Männer mit Kitteln treten in den Simulationspark ohne Rasen: „Das tägliche Verabschieden, mit wechselndem Fokus wird maximal greifen. Keine Sorge.“ Oralie fällt ihnen um den Hals, beide schieben sie bestimmt von sich. „Bitte folgen.“ Oralie wird überführt ins Space Mind Center. Sie hat das Schlimmste hinter sich. Nun wird sie belohnt. Das Extrem in die andere Richtung erleben. Maximal positiv. Der Schmerz wird zu Vorfreude. Unmengen von Dopamin werden sie durchströmen. So wie beim letzten Mal. Oralie sinkt in eine weiche Liege und beginnt sich zu entspannen. Sie wird angeschlossen, ein kurzes magnetisches Schaudern. Ein Wohlgefühl breitet sich in ihrem Körper aus, Gefühle von Geborgenheit, Selbstvertrauen und Glück beginnen sich pulsierend auszubreiten. Der Brustraum weitet sich. Sie atmet tiefe und ruhige Atemzüge. "Erlösung, so ist Erlösung", denkt Oralie. Glückswellen bauen sich auf, werden immer größer und größer. Sie wachsen zu Euphorie. Oralie träumt sich in Marslandschaften mit ungesehener Flora und Fauna, sie bestaunt die bizarrsten und schönsten Gewächse, die sie je gesehen hat. Eine Freudenträne rollt über ihre Wange. Sie kann sich kaum satt fühlen an den bezaubernden Lichtstimmungen, der sanft wärmenden

Temperatur, dem Gefühl der Schwerelosigkeit. Sie möchte die Zeit anhalten. Es ist das schönste Gefühl, das sie je gespürt hat. Sanft ebben die Wellen des Glücks wieder ab. Sie wird langsam aus der Positivwelt zurückgeholt. Erlösungstränen strömen über ihr Gesicht. Sie strahlt und räkelt sich in der Liege. Der Vorher-Nachher-Effekt wird immer stärker. Von Mal zu Mal. Als ob die Grenze zwischen Simulation und Realität schmilzt.

Ein langer Tag liegt hinter ihr. Sie verlässt erschöpft die Hallen des Space Centers und tritt auf die Straße hinaus. Der Himmel erscheint ihr jetzt seltsam unbedeutend. Zum Glück liegt nach dieser Trainingsphase ein Erholungs- und Verabschiedungsjahr auf der Erde vor ihr. Die Verabschiedung von ihrem kranken Vater und ihrer besten Freundin werden nochmal eine besondere Herausforderung. Vielleicht wird sie ja wirklich nie wieder kommen, kann nie mehr mit ihnen kommunizieren, ja, fast als würde sie sterben. Der PAV-Sensor speichert „Tod der Eltern in der Ferne durchleben; Hassszene des Vaters vor Oralies Abschied; von schwerer Erkrankung der besten Freundin auf dem Mars erfahren.“ Jeder Angstgedanke wird gespeichert und direkt in immunisierende Trainingssettings übersetzt. Oralie weiß das. So weiß sie auch, dass ihr genau dies das Verabschieden leichter machen wird.

2075, FRANKFURT AM MAIN: NOËLLE

Noëlle ist 60 Jahre alt. Es ist der frühe Morgen am 7. März 2075. Noëlle befindet sich in einem Bunker in Frankfurt am Main.

Was bisher geschah:

Am 6. März 2075, um 19.33 Uhr, begann das Erdbeben entlang der 1300 km langen San-Andreas-Verwerfung. Stärke: 11,7. Wenige Stunden später setzten weitere Folgebeben entlang des gesamten zirkumpazifischen Feuerrings ein. Die Welt gerät aus den Fugen.

Es riecht modrig und nach Angstschweiß. Viele Menschen reden durcheinander, einige lauter, einige leiser. Alle hatten die Nachrichten über das Erdbeben am Andreasgraben auf der anderen Seite der Welthalbkugel verfolgt. Gespannt, besorgt, jedoch anfangs mit dem Gefühl, nicht betroffen zu sein. Die Ferne erlaubte es, zumindest bisher, sich leicht von Katastrophen zu distanzieren.

Noëlle wird aufgerufen ihren Namen, Alter, Lebenserwartung und ihre Personalnummer anzugeben. Ein organisationswütiger älterer Herr am Ende des Bunkers notiert mit Kreide Noëlles Daten an die Wand. NC 2015 445902p0llt. Der Herr hatte bis in die 2020er Jahre auf einem Amt gearbeitet, wo man Formulare noch handschriftlich ausfüllte. Er war einer der Wenigen, der sich auch ohne intelligente Systeme spontan daran versuchte, Information zu sammeln und auszuwerten.

Eine bizarre Situation. Die Ferne war dieses Mal zu Nähe geworden. Diesmal sind es nicht alle anderen, die von dem Erdbeben betroffen sind. Es gibt niemanden, der weit entfernt, von der anderen Seite der Welt, gebannt zusieht. Es handelt sich um die ganze Welt. Das Erdbeben hat bereits sieben, mit Betonsarkophagen überzogene Atomkraftwerke beschädigt. Alle Sieben weisen große Risse auf. Strahlung tritt ungehindert aus. Die Bevölkerung wurde bereits bei dem ersten Riss eines Sarkophags in Russland aufgefordert, so schnell wie möglich in den Schutzbunkern Zuflucht zu suchen. Kein Schreien, kein Stoßen, kein Drängeln. Kein Schreien, kein Stoßen – es wurde gedrängelt. Panisches Gekreische, geplatzte Wasserrohre, Sirenenchöre, das Gejaule einer zusammenbrechenden Stadt, aller Städte, ja, der ganzen Welt, verschmolz zu einer ohrenbetäubenden Dichte. Noëlle betrachtet ihren Kreidenamen in einer endlos erscheinenden Reihe weißer Buchstaben- und Zahlenketten.

Zur selben Zeit nahe des Sarkophargs Diablo Canyon: Die Einheit der Rescuebots sammelt sich zum Zusammentragen der Messwerte im Kreis.

Zur selben Zeit nahe des Sarkophargs San Onofre: Die Einheit der Rescuebots sammelt sich zum Zusammentragen der Messwerte im Kreis.

Zur selben Zeit nahe des Sarkophargs Fukushima: Die Einheit der Rescuebots sammelt sich zum Zusammentragen der Messwerte im Kreis.

Zeitgleich verbinden sich global umspannend die Bot-Crews. Eine übergeordnete Rechnerstruktur teilt Ergebnisse. Strahlungswerte: 22-28 Gray, Energieversorgungssysteme: 67% zusammengebrochen. Sonnen- und Windkraftwerke: 33% wiederherstellbar. Energievorräte: Extremfall. Kontaminierte Areale gesamt: 5% der Erdoberfläche. Versorgungskapazität: 91 Millionen Menschen über 556 Tage. Informationsnetzwerke: 32% intakt.

Sie schwärmen aus und machen sich an die Arbeit. Sie versiegeln Sarkopharge, sie reparieren Energieversorgungsquellen. Maschinen säubern eine Welt.

Fünf Infobots sammeln sich am Bunkereingang. Die Bunkertür zu öffnen, bedeutet den Tod aller Anwesenden. Deswegen falten sich die Inforobots zusammen, sie graben sich ein und bahnen sich an. Schicht um Schicht bohren sie Löcher, um sich den Zugang zu den Menschen zu verschaffen. Sie graben sich durch die Tiefen. Seit dem kalten Krieg sind Bunker zweischalig angelegt, stark gepanzerte Außenschicht, Hohlraum, Bunkerwände.

„Meine Tochter war schon mal im All. Man muss nur einmal dort gewesen sein, um sich der Idee zu öffnen.", „Falsch, alle Energie für die Raumfahrt...", zischt es woanders. „Wir schalten die Roboter aus, dann können wir die...", dröhnt es irgendwo in dem Getümmel. „Nächster Bitte.", „Wann kommen die Bots uns denn endlich abholen?", „Wann gibt es wieder mehr Licht?", „Ich habe Durst..." Das Wortdickicht fiebriger Stimmen erstickt. Wie alle anderen starrt Noëlle gebannt auf die Wand. Aus kleinen Löchern tropft Wasser in den Raum, gefolgt von Schlamm. Keiner ahnt, was kommt. Kein Menschenton ist mehr zu hören. Nur das laute Vibrieren des Bohrers. Es ist plötzlich menschenstill. Nichts ist zu hören, außer dem Bohren, dem Wasser und dem Rieseln von Beton.

Fünf Infobots entfalten sich in der Mitte des Raums. Sie tragen die Ergebnisse vor: „Strahlungswerte: 22-28 Gray, Überlebenswahrscheinlichkeit: 3%, Verlassen des Bunkers nicht autorisiert, Energieversorgungssysteme: 67% zusammengebrochen, Tendenz steigend. Versorgungskapazität global: 91 Millionen Menschen über 556 Tage. Versorgungskapazität Mars: 225.000 Menschen. Migration derzeit nicht möglich. Grund: Ressourcenknappheit. Wiederaufnahme: Frühestens in 32 Tagen." Die Gesichter der Menschen sind wie erstarrt. Sie warten gespannt auf den Rettungsplan. „Rettungsplan: Aufenthaltslänge Bunker auf 47 Tage angesetzt. Grundversorgung: sichergestellt. Eintreffen Supplybots: 17 Stunden, 12 Minuten. Aufbau lokales Energiesystem: Begonnen. Informationszugang: Limitiert. Synthetisches Ökosystem: Begonnen."

2084, STUTTGART-KARLSRUHE: LILO

Lilo ist 69 Jahre alt. Es ist Donnerstag, der 1. Juni 2084, 11.15 Uhr. Lilo befindet sich in ihrer unterirdischen Anlage für hypersensitives Wohnen in Stuttgart-Karlsruhe.

Was bisher geschah:

Die Städte sind in Deutschland zu wenigen großen Ballungsräumen zusammengewachsen. Lebensraum, Gebäude und Infrastruktur sind dezentral organisiert. Alle persönlichen Bedürfnisse werden vor Ort in Echtzeit gedeckt. Alle Dinge des täglichen Bedarfs sind jederzeit, überall und ohne Zutun vorhanden. Das Bedürfnis nach Konsum wird über Angebote im Bereich des Gefühlsspektrums und der Wertevorstellungen befriedigt. Erleben und Bedürfnisbefriedigung haben sich nahezu vollständig voneinander getrennt.

„Shopping Queen" prangt in golden geschwungenen Buchstaben quer auf Lilos Shirt. Ein Witz, Lilo braucht nichts mehr. Seit Jahren braucht sie schon nichts mehr. Wer würde überhaupt nur auf die Idee kommen, die Wohnung zu verlassen, weil man etwas benötigt? Lilo kann nicht verstehen, warum manche Menschen bis heute immer noch für Vitalfunktionen in die Öffentlichkeit gehen, sich der Umwelt aussetzen, der Strahlung, den ungesteuerten Reizen. Naja, jeder, wie er es mag. Alles, was Lilo benötigt, kommt direkt in die Wohnung; das meiste als Rohstoff. Ihre spezielle Diät wird stündlich an die Bedürfnisse ihres Körpers angepasst. Ihre Medikation ist in die Nahrung integriert und auf die Optimierung ihres Körpers gerichtet. Ihre Kleidung aus Pilzmyzelen wächst direkt auf ihrer Haut. Nahezu alles entstammt ihrer eigenen Production Suite.

Lilos Vater hatte vor vielen Jahren schon frustriert sein Geschäft geschlossen. Kunstvoll geschnitzte Pfeifen hatte er verkauft, handverlesenes Material, Jahrhunderte alte Handwerkstradition und doch perfekt abgestimmt auf die Brenneigenschaften des Tabaksubstrats. Nur was nützt das beste Zertifikat für Echtheit, Herkunft und Klimabilanz, wenn schlicht kaum noch jemand kommt? „Und ist der Handel noch so klein, bringt er doch mehr als Arbeit ein." Lilo hatte den bitteren Tonfall ihres Vaters noch im Ohr. Er war bis zu seinem Tod vor fünfzehn Jahren nicht darüber hinweggekommen, wie wenig von seinem Lebensplan übriggeblieben war. Letztlich hatte dies vielleicht seine Vitalwerte unter den Schwellwert getrieben. „Der Stuhl", fällt Lilo ein und setzt sich um. Der Stuhl steht immer noch bei ihr. Er ist für Lilo das Symbol für ihren Vater, er hat ihn selbst gedrechselt. Von diesem Stuhl aus kann sie Kontakt zu ihren Erinnerungen aufnehmen. Die Kameras von der Dachterrasse ihrer Wohnanlage zeigen vier leere Shoppingcenter auf den Hügeln im Norden und im Nordwesten. Die großen Ketten, für die die Passagen und Arcaden einmal erdacht waren, sind eine nach der anderen ausgezogen. Es bleiben: Die wahrscheinlich größten Brachen der neuen Zeit.

Lilos Schwester hatte die Kurve bekommen. Ihr Blumenladen war eine Genusszone geworden. Jeden Tag kommen Kundinnen und Kunden, so einfach ist das mit dem Geschlecht ja inzwischen nicht mehr, und bewundern ihre Sträuße, vertiefen sich in den Anblick echter Lilien und atmen die überraschenden Duftkompositionen. Ein runder Raum bietet gezielte Reduktion. Dort liegt auf einem schlichten japanischen Tisch immer nur eine Blüte. Fast ständig halten sich hier Menschen auf, werden immer leiser, legen sich auf die Kissen, versenken sich in die Sinneswahrnehmung, teils über Stunden. Konsumeditation. Für Lilos Schwester ein wahrlich lukratives Geschäft. Sie rechnet direkt im Datenraum der Kunden ab, gemessen am Genussfaktor.

Aus der gegenüberliegenden Arcade im Nordwesten ist ein Erlebnisraum geworden. Aktuell ist im zentralen Gang ein Warteort eingerichtet. Hier können Besucher testen, wie es sich anfühlt in einer Schlange zu stehen und zu warten. Sie reihen sich in eine von zwei Schlangen ein, ab und zu rücken sie ein paar Meter auf. Es geht nicht voran und die andere Schlange ist immer schneller. Die Besucher setzen sich gezielt dem inneren Erleben aus: „Wann endlich?", „Wie lange noch?", „Warum die anderen?". Ein Bedürfnis, das nicht unmittelbar beim Erleben erfüllt ist. Die Installation ist ein Gefühlssouvenir, für die Jüngeren sogar eine Sensation. Nur den Wenigen, die sich heute noch spontan verlieben, ist dieses Gefühl vage vertraut.

Lilo kann nicht mehr rausgehen, schon lange nicht mehr. Ihre Systeme spielten über Wochen verrückt, nachdem sie sich der Außenluft das letzte Mal ungeschützt ausgesetzt hatte. Auch ihr Sensitivor hatte ihr da nicht helfen können. Ihre Hypersensibilität war so stark geworden, dass sie ihren Sensitivor später durch Implantate ersetzt hatte. Auch ihr Datenreinraum brachte nur kurzfristig Linderung. Jetzt also: Sensoren direkt an den Nervenbahnen, eine weitere Intelligenz fest im Körper installiert. Lilo hatte sich für einen Piloten gemeldet – das war die schwerwiegendste Entscheidung, die sie je vor ihr internes Beratungspanel gebracht hatte. Eine gute Entscheidung, denn seitdem hat sie ihre körperlichen Erregungslevel stets im Blick. In ihrem Sichtfeld erscheinen permanent Vitalwerte, die kritischen rücken immer in den Vordergrund. Was sie bis heute noch nicht versteht, ob diese auf die künstliche Netzhaut oder direkt im Sehnerv eingespielt werden. Sie hat es sich abgewöhnt, sich selbst oder anderen solche Fragen zu stellen. Das macht nur Durcheinander im Kopf.

Ihre Freundin erscheint. Gemeinsam lassen sie sich in der Anregungszone ihrer Wohnung stimulieren und wählen Gerüche aus, direkt ausgeliefert über das Belüftungssystem. Eine Zeitreise für die beiden. Erinnerungen und Reize breiten sich in der Wohnung aus, Lilo und ihre Freundin begeben sich auf die Reise nach innen. „Einen merkwürdigen Sinn für Romantik haben wir entwickelt“, denkt Lilo. An Strand und Palmen hatte sie sich schon lange satt erlebt, eine intensive Phase der Pferde durchlebt. Heute liebt sie mehr das Erdige, das Dreckige, das Feuchte. Lilo und ihre Freundin lassen sich Gerüche von Äckern einspielen, von Wäldern, von Baustellen und Brachen. Unmittelbar stellt sich ein Gefühl der Verbundenheit ein, der tiefen Erdung. Das ist doch Natur, Lilo kann sich fallen lassen.

Mit angeregten Sinnen, beginnen Lilo und ihre Freundin zu kochen. Natürlich würde sie das nicht essen. Aber das Gefühl, organisches Material zu berühren, teigige Massen zu kneten, der Wandel der Texturen im Prozess des Kochens, löst lauter kleine Sensationen aus. Über die Jahrzehnte der Abschirmung war ihre

Haut so empfindlich geworden, sie konnte inzwischen Gewürze spüren, vernahm das Ziehen der Säure, die beruhigende Kraft der Süße.

Ihre Freundin kommt und geht geräuschlos. Der Avatar hatte Lilo beim Einzug einige Namen vorgeschlagen. Sie hatten sich darauf geeinigt, bei der Anrede „Freundin" zu bleiben. Darum ging es ja. Lilo hatte den Avatar von einer Schulfreundin übernommen, zunächst als eine Art Rehabilitation. Die beiden hatten lange Jahre aneinander gelitten. Die Schulfreundin hatte eine schwere Egoparalyse entwickelt, so dass sie sich schließlich voneinander trennen mussten. Die Spuren der Egoparalyse trägt der Avatar bis heute, trotz all der Monate im Reinraum bei Lilo. Inzwischen haben beide zueinander Vertrauen aufgebaut, sich geöffnet, sind Partner auf der Suche nach Sinneseindrücken geworden. Lilo wählt im Menü Erinnerungen aus. Die Flatrate ermöglicht ihr, Eindrücke und Empfindungen aus unterschiedlichen Jahrzehnten abzurufen. Memoryshopping, Lilo wählt „Schuhgeschäft" und lehnt sich zurück.

2101, HEIDINGSHEIM: ORALIE

Oralie ist 94 Jahre alt. Es ist der 3. Mai 2101, nachmittags. Oralie zeigt ihrem 21-jährigen Sohn Iktus den Planeten Erde.

Was bisher geschah:

Im Jahr 2080 wurden die ersten Geburten auf dem Mars vollzogen. Das Design der Marsgesellschaften lässt bereits jetzt neuartige Sprach- und Denkkonzepte entstehen, die sich deutlich von denen der Erde unterscheiden. Irdische und marsianische Bewohner bemühen sich um interplanetaren Austausch.

Das Stahltor öffnet sich. Oralie hält Iktus fest an der Hand. Was für ein Anblick. Drei Reihen voller Gesichter, offen und harmonisch, geschickt angeordnet gemäß allen Standards der interstellaren Willkommenskultur. Die Gesichter der Erde. 100 Personen an der Zahl, keiner darunter, den Oralie aus ihrem Leben von der Erde noch kennt. Dreißig Jahre ist es nun her, dass sie die Erde verlassen hat. Dreißig Jahre, eine verdammt lange Zeit. Alle sind da, um ihrer Ankunft, mehr aber noch ihrem Sohn Iktus, die Ehre zu erweisen. Iktus, der erste Mensch, der je auf dem Mars geboren wurde. Iktus, der Erste, der auf einem anderen Planeten aufwuchs. Iktus, der noch nie zuvor die Erde betreten hatte.

Synchron und sortiert winken 100 Hände den beiden zu. Zurückhaltend, sie folgen der obersten Anweisung, Ruhe, Ordnung und Distanz auszustrahlen, um die Ankunft so angenehm wie möglich zu gestalten. Sechs Monate Reisezeit liegen hinter Oralie und Iktus. Es ist schwer abzuschätzen, wie Iktus die Ankunft auf der Erde aufnehmen wird. Man möchte etwaigen Schockzuständen vorbeugen, so ist die Begrüßungszeremonie auf fünf Minuten begrenzt. Im Anschluss soll die direkte Überführung Oralies und Iktus in das Acclimatization Center erfolgen. Für den Aufenthalt dort sind vier Wochen angesetzt. Erst danach werden die beiden in das Licht der Öffentlichkeit treten.

Oralie und Iktus winken der Menge zurück. Plötzlich löst Iktus abrupt seine Hand von der seiner Mutter. Mit großen Schritten geht er stramm auf die Menge zu, bleibt mit zwei Metern Abstand zur ersten Reihe stehen und guckt forschend von links nach rechts. Die Reihen weichen leicht zurück, Entsetzen in einigen Augenpaaren. Ruckartig zieht er seine Schultern nach oben. Oralie kennt dieses Verhalten. Sie eilt Iktus hinterher, zieht ihn sanft, aber bestimmt zu sich und wendet sich einer fünfköpfigen Gruppe zu, die am Rande des Stahltors auf die beiden wartet. So war es abgemacht. Fünf Vertrauenspersonen sollten dort positioniert sein, die beiden in die Akklimatisierungszone begleiten und sie in den kommenden vier Wochen unterstützen. Die beiden Marshelden werden in einen Nebenraum geführt.

Beim Eintreten in den sicheren Raum beginnt Oralie innerlich zu zittern. Iktus unberechenbares Auftreten bei der Begrüßung lässt sich erschaudern. Sie weiß, der Ansturm auf Iktus wird immens sein. Iktus gilt auf der Erde als Jahrhundertattraktion. Seine Person, sein Körper sind ohnehin im Detail vermessen. Das biochemische Diffenztheorem geht im Wesentlichen auf Beobachtungen zu den Strukturmerkmalen von Iktus´ Persönlichkeit zurück. Nun ist die Stunde der Neugier. Nicht nur Wissenschaftler aus aller Welt möchten seine Stärken und Schwächen erspüren, sein Anders wahrnehmen. Auch die breite Masse will ihn sehen, seine Einzigartigkeit erleben, ihn befragen, ihn verstehen und ihn berühren.

Oralie sorgt sich um die mögliche Überforderung von Iktus und versucht, ihn im selben Atemzuge durch trockenes Zusammenfassen der Situation zu beruhigen: „Die Ankunftszeremonie lief wie abgemacht, kleiner Personenkreis von nicht mehr als 100 Personen, kein Gesprächskontakt, kein Hände schütteln, nur kurzes Winken mit anschließender Überführung in die Akklimatisierungsstation. Ging doch, oder?“ Iktus setzt sich direkt auf einen Stuhl und verschränkt die Arme: „Wo war er denn? Ich konnte ihn nicht sehen!“ Nun erscheint Oralie Iktus´ ungeplanter Freilauf gen Menge noch beängstigender als zuvor. Er hatte doch nicht wirklich erwartet, seinen genetischen Vater bereits bei der Ankunftszeremonie zu sehen? Sie schwitzt. Iktus scheint ihr zu entgleiten.

Auf der Anreise zur Erde hatte sie mehrfach mit ihm über die mögliche Begegnung mit seinem Vater gesprochen. Er hatte, wie so oft seit er über zehn Jahre alt ist, unendlich viele Fragen über ihn gestellt. Fragen, die Oralie nicht beantworten kann. Sie selbst kennt ihn nicht. Einmal nur hatte sie ihn im Stennis Space Center vor dreißig Jahren gesehen. Damals, es war die Hochzeit für anonymisierte Fortpflanzung, erschien es ihr unwichtig den Mann genauer kennenzulernen. Iktus ist wie besessen von der Idee, ihn zu treffen. Auf dem Mars hatte er durchaus einige Familien miterlebt, die aus Vater und Mutter bestehen. Das bürgerliche Ideal fand sich immer noch: Zwei Elternfiguren, diametral korrespondierende Geschlechter. Selten, aber immerhin. Seitdem scheint er etwas in seinem Leben zu suchen. Seitdem baut er all die Fragenwände auf, mit denen er Oralie von sich abtrennt.

Oralie geht auf Iktus zu und legt die Hand auf seine Schulter. „Wann?“, schüttelt Iktus die Hand der Mutter ab. „Iktus, wir müssen unsere Körper auf die irdische Umgebung einstellen. Wir müssen uns erholen und zugleich akklimatisieren. Und, wir müssen uns auf all die Menschen, die da draußen mit uns sprechen möchten, vorbereiten. Natürlich auch auf die Begegnung mit deinem Vater. Ich habe es dir nun oft genug gesagt, erwarte nicht so viel, dann kannst du auch nicht so enttäuscht werden.“ Iktus blickt etwas frech in die Gruppe der fünf, die sie vom Tor in den Raum des Acclimatization Centers begleitet haben: „Und diese Dame und die Herren werden uns also dabei helfen?“ Oralie nickt der Gruppe verlegen zu, die zwischenzeitlich am Tisch Platz genommen hat. Ein Astronaut, der selbst die Erfahrung einer Rückkehr erlebt hat, drei Space Scientists und eine junge Dame, die sich um die mentale Optimierung kümmern wird. Oralie hofft, dass diese Fünf die Aufregung und Spannung entzerren, ja, neutralisieren werden.

Die junge Dame setzt damit an, sich vorzustellen: „Hallo, mein Name ist Bellen. Seid herzlich willkommen. Ich bin für euch da, wann immer ihr es braucht. Besonders kann ich euch bei der mentalen Optimierung für eure ersten Kontakte und Gespräche unterstützen.“ Einer der Space Scientists übernimmt das Gespräch. Oralie kann ihm nicht mehr zuhören. Sie beobachtet Iktus. Seine Augen sind fixiert auf Bellen. Er scheint hin- und hergerissen zwischen nicht satt sehen können und Irritation. Bellens Blick ist schüchtern auf den Boden gerichtet. „...auch ich habe die Erfahrung gemacht, nach langer Zeit im All wieder zur Erde zurück ...", der Astronaut spricht weiter. Iktus starrt immer noch auf Bellen. Seine Augen beginnen zu leuchten wie kleine Sterne, ja sogar seine Pupillen weiten sich. Oralie stuppst Iktus an, um ihn in die Gesprächssituation zurückzuholen. „Iktus, geh mal ein Stück nach rechts", Iktus macht fünf große Schritte nach rechts. Sein Blick hängt dabei weiterhin auf Bellen fest, welche dies offensichtlich bemerkt und diesem ausweicht. „Rechts, das Wort kennst du doch gar nicht", versucht Oralie weiter seine Aufmerksamkeit umzulenken. „Ich bin Oralie. Wie ihr gerade gehört habt...", sie versucht sich witzig zu geben, „...bin ich selbst überrascht über den Spontanzugriff auf mein Passivvokabular. Auf dem Mars sagen wir ja nicht rechts oder links. Wir nutzen ganz andere Begriffe, um Raum und Position auszudrücken. Wir orientieren uns an Erhebungen und Tälern, die uns umgeben. Rechts würde also nach Tisch heißen." Alle lachen höflich bis angestrengt. Sie möchten die Stimmung mit erleichtern. Nun ist Iktus ist an der Reihe: „Hallo Bellen, ich bin Iktus. Und du willst mir also helfen, mich auf meinen Vater vorzubereiten? Ich brauche niemanden, der mich vorbereitet." Seine Augen blitzen. Alle Anwesenden im Raum wissen sofort, was in Iktus vor sich geht.

Oralie fühlt viel, viel von früher, viel von morgen. Die Angst über das Morgen übernimmt das Diktat ihrer Gedankenwelt. Die Angst um Iktus. Iktus reagierte sehr bizarr, was zu erwarten war: auf junge Frauen, auf die neue Umgebung, auf sie als Mutter. Er ist so getrieben von der möglichen Begegnung mit seinem Vater. „Ob er ihm wohl ähnelt? Ist er wohl auch so störrisch und frech? Von mir hat er das nicht. Und wird Iktus ihn mehr respektieren als mich? Welche Fragen trägt Iktus schon ein Leben lang in sich herum, die er nicht mit mir geteilt hat? Wird er ihm Vorwürfe machen? Weshalb er sich nicht gekümmert hat, nie Kontakt aufgenommen hat? Wird das Eindringen dieses Vaters in unser Leben alles verwirren? ", Oralies Gedanken kreisen immer schneller und schneller. Sie hat nicht nur Angst, sie hat große Angst. „Was, wenn Iktus bei ihm auf der Erde bleiben möchte? Was, wenn Iktus sich von mir abwendet? Was, wenn er nicht mehr mit zurück auf den Mars will?"

Oralie versucht ihre Überwältigung zu bändigen und ihre Aufmerksamkeit wieder auf die Außenwelt zu lenken – auf Iktus in der Außenwelt ins Jetzt. Mittlerweile hat er von Bellen abgelassen. Er wandert durch den Raum, observiert und begutachtet alles. Auf dem Tisch stehen Blumen. Er scheint von ihnen fasziniert. Er kennt Pflanzen nur aus Gewächshäusern in Reih und Glied, funktional auf Ernährung angelegte Pflanzen, nicht jedoch irdische Blumen. Die Art Ästhetik mit Nahrung zu zelebrieren ist ihm fremd. „Wie schmeckt das denn?", Iktus zieht neugierig eine Lilie aus einem der Sträuße. „Eine Lilie ist das, nicht essen!", räuspert sich Oralie. Iktus kommt kaum hinterher, die Anzahl der Differenzen zu studieren. Die Umgebung, die Menschen, die Objekte, alles weist mehr Unterschied als Ähnlichkeit auf. Mehr als er selbst vermutet hatte. Er findet, auch seine Mutter sieht so anders aus als die Frauen, die ihn aus den Empfangsreihen heraus angestarrt hatten. Er kann sich an ihren Körper ohne Raumanzug nicht so recht gewöhnen. Iktus nimmt wieder Platz und bastelt an der Lilie herum. "Wann genau sehen wir ihn?", er lugt hinter der Lilie hervor, intensiv, aber etwas versöhnlicher. Sein Gesichtsausdruck erinnert Oralie daran, wie er guckte als er noch klein war. Oder erkennt sie darin auch einen Hauch einer anderen Erinnerung? Einer, an den jungen Mann, dem sie vor 30 Jahren im Stennis Space Center im Genlabor kurz begegnet war? Erst zehn Jahre nach der Entnahme seines Genspiegels wurde, nicht mehr auf der Erde, sondern direkt auf dem Mars, die Genese von Iktus angelegt. Wie viele Fragen wird auch dieser Mann an Iktus haben? „In vier Wochen und drei Tagen."

2106, LAKE MINCHUMINA: BEN

Ben ist 91 Jahre alt. Es ist ein früher Nachmittag im August 2106. Ben sitzt mit seinem Zwillingsbruder Luca vor einer Farm am Lake Minchumina, Alaska.

Was bisher geschah:

Marsumspannend haben sich seit der Erstbesiedlung vor 50 Jahren, zahlreiche synthetische Ökosysteme als fruchtbarer Raum für die Entstehung neuen Lebens erwiesen. Auf der Erde sichern autonome Steuerungsprozesse die Versorgung des Menschen. Dies treibt die Sinnfrage des Menschen an und bietet Nährboden für den aufkeimenden Trieb nach Schöpfertum.

Heute klart das Wetter das erste Mal nach einer langen Regenperiode auf. Sogar der Sevenmile Hill zeigt sich in der Ferne. Ben und Luca sitzen auf einer Bank vor der Farm und blinzeln in die Sonne. Seit Bens Ausstieg aus dem Militär besucht Luca seinen eigenwilligen Zwillingsbruder dort hin und wieder. Die Farm, die Ben aufzieht ist spannend, aber auch einsam. Da Luca die Wende bei Ben angestoßen hat, fühlt er sich mit verantwortlich für den neuen Lebensentwurf. Dass Ben seinen Wandel radikal, mit hoher Präzision und Konsequenz auf die Spitze treiben würde, war absehbar.

„Dieses Mal wirst du echt Augen machen", verspricht ihm Ben. Luca schmunzelt. Er lacht öfter über seinen etwas starren Zwillingsbruder. Ein Charakter wie ein Quadrat. Er hat Bens Tick beobachtet. Schon fünfmal hat er nach unten zum Werkzeugkasten getastet. „Du willst mir nicht ernsthaft deinen Werkzeugkasten vorführen?", klopft er Ben auf die Schulter. Ben lässt sich von dem Kommentar nicht beirren. Es hat sehr lange gedauert, das perfekte Set an essentiell notwendigen Elementen zusammen zu stellen. Er hatte ebenso lange gesammelt, gesucht, geordnet wie auch aussortiert. Nur das absolut Notwendigste sollte enthalten sein. Er will aus wenig Viel machen. Er will keinen Überfluss mehr um sich haben.

Anfangs hatte es ihm wehgetan, dass Luca Recht gehabt hatte. Nach 75 Jahren Militärdienst war er dem Rat des Bruders gefolgt. Die Rolle des Soldaten liegt hinter ihm. Sein Ziel wichtig zu sein, einen Effekt zu haben, hatte sich über die Jahre in das betäubende Betrachten von einer sich autonom bewegenden Welt verformt. Ein Friedhof von Punktwolken, die für ihn Tod und Leben bedeuteten, für die Drohnen nur die korrekte Ausführung des eigens generierten Befehls.

Ben räuspert sich. Als Einführung und für Lucas Verständnis muss er beim Werkzeugkasten ansetzen. Sonst kann Luca die Entstehung neuer Lebewesen einfach nicht begreifen. Behutsam klappt er seinen ganzen Stolz vor Luca auf. Eine sorgsame Anordnung von Gläschen, Pipetten, Chips, Kabeln, kleinen metallenen Werkzeugen. „Na, da hast du die Ordnung mal wieder neu erfunden, oder?“, Luca sieht in etwas besorgt an. Ben ist verärgert, besinnt sich kurz und wischt mit der freien Hand durch die Luft, als würde er kleine Partikel verscheuchen wollen. „Hier und jetzt. Hier und jetzt.“ Sein Mantra soll ihn davor bewahren sich aufzuregen. Luca rollt mit den Augen und denkt: „Ein bisschen häufiger unter Leute zu kommen, könnte Ben schon auch gut tun.“

Ben zeigt auf den Stall und beugt sich dann zum Werkzeugkasten, zu seinem Heiligtum. Versehentlich rempelt Luca beim Aufstehen genau diesen an. „Oha“, Luca duckt sich. „Das darf doch nicht wahr sein? Pass doch auf! Da sind meine wichtigsten Elemente drin!“, Ben wird sauer. „Ist doch gar nichts passiert. Das Ding ist doch zu und es hat auch nichts geklirrt. Entspann dich mal“, kontert Luca und läuft einfach los. Ben bleibt. Natürlich bleibt Ben. Er klappt den Werkzeugkasten auf und macht einen Check: „Die Gläschen, die Pipetten, Chips, Kabel, die kleinen metallenen Werkzeuge, alles unbeschädigt, alles da.“ Der Tick alles zu checken, sein altes Soldatenmuster. Luca dreht sich zu ihm um und rollt wieder mit den Augen. „Du verstehst es einfach nicht. Gar nichts. Mir ist es eben wichtig, dass nichts kaputt geht.“, schimpft Ben ihm hinterher. Die Gerätschaften sind für den Bau und die Pflege seiner Lebewesen vorgesehen. Diese haben wirklich einen Wert. Anders als diese Units. Seine letzten hat er schon vor Jahren verschenkt. Seit einem halben Jahr ist Ben nun in dem dünn besiedelten Gebiet nahe des Lake Minchuminas und baut die Farm auf. Er arbeitet hart, derzeit an fünf neuartigen Lebewesen: Ein Hybrid aus Pflanze und Insekt, Pilzmyzele mit käferartigen Körpern, einer Kreuzung aus Moos mit menschlich geformten Krebszellen. Er komponiert Gene, die ungesehene Lebensformate, neuartige Lebensbedingungen und die Verschmelzung mit anderen Organismen hervorbringen. Er ist überzeugt, sein Vorgehen wird die allgemeinen ökologischen Dynamiken befruchten und befreien.

Ben stapft Luca hinterher zum Stall. Und das bei der Führung durch seine eigene Farm. Er holt auf, hebt den Vorhang und wendet sich direkt dem kleinen pelzigen Wesen am Rand zu. Es bewegt sich seit zwei Tagen, pulsierend im eigenen Rhythmus. Ein kalkuliertes Wunder. Es grast an den Halmen, eine Mischform aus Pflanze und Insekt. Luca schnappt nach Luft und hält sich an Bens Arm fest. Zu Lucas Füßen bewegen sich kleine käferartige Dinge. Luca will raus. So schnell wie möglich. „Du musst keine Angst haben. Die tun nichts“, Ben beugt sich nach unten und streichelt liebevoll über die krabbelnde Welt am Boden. Ein lebendiges Werk. Nicht „sein“ Werk. Von solchen Worten hat sich Ben konsequent verabschiedet. Die Wesen sind frei. Genau wie er. Das ist das große, große Ziel: „Kein Besitz, keine Bewertung von außen, keine passive Abhängigkeit. Keiner, der den Bedürfnisablauf von außen erzeugt und vorgibt. Individuen einer eigenen Ordnung.“, murmelt Ben wie jedes Mal, wenn er den Stall betritt. Bald wird er sie wieder hinaussenden können. In die Welt, wo sie sich behaupten werden, allein aus sich heraus. Sie werden Patentibosen zeugen. Die positive Anwendung des Parasitentums in Richtung Vielfalt, in Richtung der Hybride, die sich selbst zusammenwachsen. Luca ist blass und flüstert verunsichert zu Ben: „Die sehen ja alle total unterschiedlich aus. Kein Ding sieht sich irgendwie auch nur ein bisschen ähnlich. Außer diese Halme da.“ Ben erläutert: „Ganz recht. Von jedem Wesen gibt es genau Eines. Die Halme entspringen auch nur einem einzigen Myzel mit Chitinanteilen.“ Luca kennt zwar die, seit 40 Jahren gezüchteten synthetischen Ökosysteme für den Mars, das von Ben unterscheidet sich jedoch deutlich. Die Kontrolle der Erzeuger entfällt. Ben, er ist lebende Konsequenz.

Luca verlässt endlich den Stall. Er ist überfordert. Ben wird es tun, er hat wieder einen Sinn erzeugt. Aus einem Leben der Disziplin und Ordnung heraus wird er sie entsenden. Voller Überzeugung werden die Lebewesen mit der individuell angelegten genetischen Architektur nur mit andrem zu mehr werden. Denn sie kennen keine Gleichheit. Das Freie, das Wilde, es wird sich mischen in ungesehener Form. It is a new time of creation.

2115, AM FUSSE DER DOLOMITEN AM ADRIASTRAND: SMILLA

Smilla ist 100 Jahre alt. Es ist der 19. Mai 2115 und die Sonne scheint an diesem Morgen über den Dolomiten am Adriastrand. Smilla bricht gerade auf.

Was bisher geschah:

Die Menschheit hat in den vergangenen 100 Jahren neue Spezies erzeugt: Menschen mit genetisch optimiertem Ausgangsmaterial, Menschen mit genetisch modifiziertem Körpermaterial, Menschen mit Organimplantaten, Menschen mit technologischen Erweiterungen, Roboter mit menschlicher Ich-Wahrnehmung und vieles mehr. Die Geschlechteranzahl übersteigt mittlerweile 60. Die Lebenserwartung des nicht-optimierten Menschen ist auf über 100 Jahre gestiegen. Altern und vor allem der Sterbezeitpunkt sind kontrollierbar geworden. Auf dem Mars gibt es seit 60 Jahren verschiedene Siedlungsformate.

Smilla erklimmt leichtfüßig die Stufen des Transformationszentrums. Auch wenn sie ihren 100. Geburtstag gerade hinter sich gebracht hat, fällt ihr das Treppensteigen leicht. Die verjüngende Genspritze, die sie vor 60 Jahren kurz vor ihrer Übersiedlung auf den Mars bekommen hatte, ihr neu gezüchtetes Herz, die Funktionsimplantate in den Beinen und mehr noch die im Rücken, haben ihre körperliche Fitness auf dem Stand einer 35-jährig menschlichen Frau gehalten. Seit sie eine Tiefenhirnstimulation zur Steigerung des Wohlgefühls hat, geht es ihr immer gut.

„Das operative Einsetzen der Implantate können die medizinischen Roboter hier auf der Erde immer noch besser als die Krücken auf dem Mars", seufzt Smilla mit einem kurzen Gedanken an die Prozedur, der sie sich auf dem Mars unterzogen hatte. Dort waren die Implantat-Center einfach nicht immer up-to-date und generell wurde Neurotechnologie auf dem Mars für andere Anwendungsfälle gedacht. „Als ob es so schwer wäre, für Versorgungsgerechtigkeit zwischen den Planeten zu sorgen." Smilla schüttelt den Kopf. Kurz nach ihrer Rückkehr vom Mars, vor etwa zehn Jahren, hatte Smilla aufgeholt, was ihrem Körper an Optimierung für das Leben auf der Erde entgangen war. Die Gesellschaften auf dem Mars haben hierzu ganz unterschiedliche Arten des Umgangs gefunden, die von der Erde aus oftmals kaum nachvollziehbar erscheinen. Beispielsweise entschied ein New Intelligence Panel aus künstlichen Systemen, Marsbewohnern verschiedener Altersklassen und Mindsets sowie aus der Ferne zwei Erdbewohnern, welche Art der Optimierung im Gesamtkontext der Marsgesellschaft sinnvoll sei. Es ging hierbei mehr um das große Ganze als um den Einzelnen. Die Folgen für Smilla: Bis heute plagt sie eine Unregelmäßigkeit in ihrem optimierten Gencode. Jene Genspritze, die Smilla vor 60 Jahren bekommen hatte, sollte einen Teil der DNA verändern und so das Altern stoppen. Wie im Laufe der Jahre jedoch deutlich wurde, schränken die Lebensbedingungen auf dem Mars die Wirksamkeit der Spritze ein. Als Smilla die Spritze erhielt, hatte es noch keine Langzeitstudien zu den Wechselwirkungseffekten mit dem Marsleben gegeben. Sie selbst war das Labor. Die Jahre auf dem Mars haben immer wieder zu kleinen körperlichen Verfallserscheinungen geführt. So weisen einige Teile von Smillas Körper heute Hautalterungen auf. Nichts, was ein zeitgemäßes Stimmungsmanagement nicht auffangen kann. „Das ist eben der Preis für lange und herausfordernde Jahre im All", denkt Smilla in Erinnerung an ihr Leben auf dem anderen Planeten.

Hier auf der Erde hatte die Medizin um die Jahrhundertwende die letzte bekannte Hürde überwunden: Altern und vor allem der Sterbezeitpunkt waren kontrollierbar geworden. Biologie war seither als Informationstechnologie zu verstehen. Internationale und interstellare Labore waren in der Lage Körper immer wieder neu zu programmieren und zu designen. Eine Explosion der Arten war die Folge. Seit Entstehung des Homo Sapiens hatte es nie so viele verschiedene Spezies auf der Erde gegeben. Es gab genetisch modifizierte, genetisch künstlich designte, technologisch erweiterte Menschen, es gab von Menschen entwickelte Hybride aus Tier und Maschine, Mischformen von Pflanzen und Tier und vieles mehr. Zugleich waren seither drei große internationale Manifeste zum Leben, dem Sinn und der Länge des Lebens neu formuliert worden. Ein bisschen erinnerten diese Manifeste an die schon lange verloren gegangenen Weltreligionen. Der Chor der Kritiker hatte immer wieder das Lied angestimmt, der Wert des einzelnen vorhandenen Körpers sinke. Es kann ja immer wieder einen Neuen geben. Die Daten, auf die Smillas digitales Ich Zugriff hat, scheinen das auch zu bestätigen.

Das Transformationszentrum liegt malerisch an einem Berghang. Es wirkt etwas düster, vor allem aber schwer und fest. Und doch ist es eine Black Box. Früher hätte das Gebäude unmittelbar an ein Kloster erinnert, aber der letzte europäische Mönch hatte die Kutte schon vor 50 Jahren abgelegt. Ein kürzlich identifiziertes Geschlecht ist nach ihm benannt: Traditionell männlich mit der Kopfnote transgender/male-male oder kurz: Frater Linus Tm-KN-tg.mm. „Merkwürdig, welche Gedanken mir hier durch den Sinn gehen", brummelt Smilla und gleicht den Gedanken mit bereits Durchdachtem in ihrer Gedankenhistorie ab. Offenbar gerät sie in die Tiefen ihrer Persönlichkeit, in die Codestruktur ihres ersten elektronischen Informationssystems.

Der Gang zum Transformationszentrum ist seit einiger Zeit als Ritual der Hundertjährigen fest etabliert. Um die Jahrhundertwende war dieses Ritual zur Antwort auf die globale Körperexplosion geworden. Vor ihr und hinter ihr sammeln sich Menschen, Supermenschen, simpel erweiterte Menschen und einige Roboter, die menschlichen Abbildern ähneln. Wie sie alle, kennt auch Smilla das Innenleben des Transformationszentrums nicht. Alles, was sie weiß, ist: Die Wesen gehen mit einem Körper hinein. Manche kommen angeblich ohne Körper wieder heraus. Oder bleiben diese einfach dort? In der Black Box? Einige kommen an den Seitentüren wieder heraus. Sie sehen dann anders aus als beim Eintreten. Sie haben andersartig geformte Körper, ein jüngeres Antlitz, manche ähneln modischen Menschinen.

Über dem Tor des Transformationszentrums prangt die alte Inschrift γνῶθι σεαυτόν – „Erkenne Dich selbst". Smilla hat über diese Worte intensiv mit ihren vertrauten Intelligenzen gewälzt, mit ihrem digitalen Selbst reflektiert und sogar einzelne Menschen in das Gespräch mit einbezogen. Was ist das Glück? Und vor allem: Was soll von mir dauern? Kräftig schreitet sie durch die Tür.

EPILOG

Dies ist kein Nachwort. Es ist ein Vorwort für die Fortsetzung.

Wir stehen am Anfang. Am Anfang der 100 Jahre, die vor unseren zehn Kindern liegen. Wir haben Emilia und Mira, Lilo und David, Leo und Mo, Noëlle und Ben, Oralie und Smilla nun mit jeweils zwei Geschichten in ihre zukünftigen Lebenswelten begleitet. Wir werden mit Ihnen weitergehen. Die Geschichten sind noch nicht zu Ende.

Wie geht es weiter?

Im kommenden Jahr werden wir die bereits bestehenden Szenarien weiter verdichten, in Frage stellen, erweitern und umwerfen. Wir werden wieder hundert Experten und Akteure aus zukunftsformenden Feldern zu ihren Einschätzungen, Absichten und Visionen der Zukunft befragen. Wir werden zwanzig weitere Geschichten über mögliche und wahrscheinliche Zukünfte von Emilia und Mira, Lilo und David, Leo und Mo, Noëlle und Ben, Oralie und Smilla schreiben.

Hat es gewirkt?

Wir wollten uns von der Zukunft erschrecken lassen, um uns zu aktivieren. Haben Sie sich manchmal geärgert? Erschrocken? Aufgeregt? Welche Geschichte war Ihr „Löwe in der Savanne"? Welches Szenario fordert Sie besonders heraus? Sei es zur Unterstützung, zur Abwehr oder zur Entwicklung: Welcher Gedanke setzt Sie in Gang? Wir wissen um die Neuroplastizität des menschlichen Gehirns. Wir sind in der Lage, unsere Handlungsoptionen zu wählen, uns für unsere Zukunft zu entscheiden.

Wir haben die Wahl – genau wie die zehn Kinder, deren Zukünfte noch nicht geschehen sind. Sprechen wir darüber, was uns aufgeregt, schockiert oder gefordert hat. Streiten wir darüber. Damit können wir die Zukunft in den Blick nehmen. Und: Lassen Sie uns wissen, welche Zukunft Sie anstreben und wie Sie sie gestalten wollen.

GLOSSAR

Add-ons: setzt sich aus dem englisch. "add"="hinzufügen" und "on"="auf", "erweitern" zusammen. Technologische Add-ons bezeichnen die Erweiterung eines menschlichen Körpers (oder des Körpers eines Lebewesens) um technologische Einheiten und Funktionen.

AI ethics: "The ethics of artificial intelligence" ist ein spezifischer Teil der Technikethik. Zum einen geht es dabei um das ethisch-moralische Verhalten von Menschen, die Roboter und AI's konstruieren und designen ("roboethics"). Zum anderen geht es um eine Auseinandersetzung mit dem moralischen Verhalten von künstlichen moralischen Agenten ("artifical moral agents" – A-MAs). Dieser Teil wird auch als Maschinenethik ("machine ethics") bezeichnet.

Augmented Reality: dt. erweiterte Realität, kurz: AR; Die Wahrnehmung der umgebenden Umwelt wird mit Hilfe von computergestützten Programmen durch digitale Informationen erweitert. Häufig ist damit die visuelle Darstellung von Bildern, Videos oder Zusatzinformationen in Echtzeit gemeint, welche mittels Einblendung oder Überlagerung dargestellt werden.

Autoimmunerkrankung: Autoimmunerkrankung ist ein Überbegriff für Krankheiten, deren Ursache Abwehrreaktionen gegen körpereigene Strukturen sind. Die häufigsten Autoimmunerkrankungen sind Schuppenflechte, rheumatoide Arthritis und Morbus Basedow. Autoimmunerkrankungen sind bisher unzureichend verstanden und nicht kausal behandelbar; sie bleiben für gewöhnlich lebenslang bestehen und können nötigenfalls entzündungshemmend (immunsuppressiv) behandelt werden, um Beschwerden und fortschreitende Organzerstörung zu verhindern.

Alexa: Bezeichnung der digitalen Sprachsteuerung der Audio-Geräte Amazon Echo und Amazon Echo Dot von Amazon. Bietet die Funktionalität eines digitalen Assistenten an und bildet eine Schnittstelle zu verschiedenen Internetdiensten.

Algorithmus: Ein Algorithmus gibt eine genau beschriebene Vorgehensweise an, um ein bestimmtes Problem zu lösen. Dies kann maschinell durch einen Rechner erfolgen oder auch von Menschen in "natürlicher" Sprache formuliert sein. Algorithmen spielen besonders in der Informatik eine große Rolle, denn sie stellen die Grundlage der Programmierung dar. Beispiele für Algorithmen sind die Formel für die Berechnung des Body-Mass-Index oder der Newsfeed-Algorithmus bei Facebook. Er bestimmt welches die relevantesten Nachrichten für einen bestimmten Nutzer sind, die ihm auf der Startseite angezeigt werden.

Avatar: Eine künstliche Person oder grafische Figur, die in der virtuellen Welt einem Benutzer zugeordnet werden kann. Siehe auch Digitales Ich.

Bewusstseinserweiterung: Bei der Bewusstseinserweiterung ist es durch externe Stimulation oder durch die Einnahme von Substanzen möglich, über seinen normalen Zustand des Bewusstseins hinaus z.B. seine Umgebung schärfer wahrzunehmen, länger und intensiver wach zu sein oder anderweitig neue und "verbesserte" Eigenschaften des eigenen Bewusstseins wahrzunehmen.

Bitcoin: Bitcoins sind eine digitale Währung (Kryptowährung), die elektronisch geschaffen und verwahrt wird. Sie unterliegt, so wie andere digitale Währungen, keiner zentralen oder staatlichen Kontrolle. Zum anderen ist Bitcoin auch der Name eines weltweit verwendbaren dezentralen Transaktionssystems.

Blockchain: Eine Blockchain (dt. "Blockkette") ist eine dezentrale Datenbank, die eine kontinuierlich wachsende Liste von Transaktionsdatensätzen beinhaltet. Die Datenbank wird chronologisch linear erweitert – vergleichbar mit einer Kette, der am unteren Ende ständig neue Elemente hinzugefügt werden. Die Blockchain-Technologie ermöglicht die Abwicklung von digitalen Tauschgeschäften ohne Mittelsmann. Sämtliche Informationen über Transaktionen werden dezentral gespeichert. Dadurch wird einerseits die Transparenz erhöht und andererseits können Informationen nicht mehr verändert werden. Bekanntestes Beispiel hierfür ist die Kryptowährung Bitcoin.

Cyborg: Akronym für Cybernetic Organism. Mit Cyborgs sind Menschen gemeint, deren Körper dauerhaft durch künstliche Bauteile ergänzt wurden. Dies ist z.B. bei einem Menschen mit Herzschrittmacher nichts Neues. Seit einiger Zeit experimentieren jedoch Biohacker mit ihren Körpern und implantieren sich zum Beispiel Computerchips oder Magnete – davon versprechen sie sich eine Verbesserung der Fähigkeiten ihres Körpers.

Data Blurer: Firmen oder Personen, die Daten oder Datenprofile verschwimmen oder verschwinden lassen.

Data Profiler: Firmen oder Personen, die Datenprofile erstellen und analysieren. Data Trader und Data Profiler sind eng miteinander verknüpft.

Data Trader: Firmen oder Personen, die mit Daten und Datenprofilen handeln.

Deskriptive Daten: Beschreibende Angaben zu Daten; Gegenstand der deskriptiven Statistik. Unterscheiden sich von Daten der schließenden, auch induktiven, Statistik, in der beispielsweise Aussagen über Wahrscheinlichkeit getroffen werden.

Deep Learning: Beim Deep-Learning-Verfahren lernen künstliche Systeme Objekte und Muster aller Art zu erkennen und zu klassifizieren. Diese Art des Lernens funktioniert nicht mehr durch regelbasierte Computeralgorithmen, sondern durch die Verwendung von vielen Beispielen und durch die trial and error-Methode ("Lernen aus Erfahrung"). Mit Hilfe künstlicher Neuronen lernen Computer beim Deep-Learning-Verfahren nach dem Vorbild des Lern-Verfahrens neuronaler Netze im menschlichen Gehirn. Computer sind dadurch in der Lage, komplexe Muster wie z.B. verschiedene menschliche Gesichter zu erkennen und voneinander zu unterscheiden.

Digitaler Assistent: Bezeichnet einen kompakten, tragbaren Computer. Stellt die elektronische Variante eines Organizers dar.

Digitales Ich: Unter dem „digitalen Ich" wird verstanden, dass das Bewusstsein einer Person ohne biologischem Körper auskommt. Hinter dieser Ansicht, steht der Gedanke, dass Computer und Nervenzellen ähnliche Funktionsweisen erfüllen und es daher möglich ist, das Gehirn in einen Computer laden zu können und ist auch unter dem Begriff Mindupload bekannt.

3D-Druck: Ein Verfahren, bei dem ein bestimmtes Material Schicht für Schicht aufgetragen wird, wodurch dreidimensionale Gegenstände erzeugt werden können. Der schichtweise Aufbau erfolgt computergesteuert. Die Bandbreite der Dinge, die so gedruckt werden können, ist enorm: Von Spielzeugfiguren, über Lebensmittel bis hin zu Organen und ganzen Häusern.

Free energy: Vermeintlich unerschöpfliche Energiequelle.

Evolutionäre Medizin: Evolutionäre Medizin ist ein Teilgebiet der Medizin, welches Erkenntnisse der Evolutionsbiologie nutzt, um Krankheitsursachen aus evolutionärer Perspektive besser zu verstehen und zu heilen.

Epibenthosschlitten: Käfigartiges Gerät zur Erforschung der Pflanzen und Tiere am Boden der Meere oder Süßwasserseen.

Gamification: eingedeutscht auch "Spielifizierung" oder "Spielifikation". Gamification bezeichnet die Anwendung von spieltypischen Elementen (wie z.B. Ranglisten oder Erfahrungspunkte) in einem spielfremden Kontext. Langweilige Arbeitsabläufe können gezielt umgestaltet werden, sodass sie den menschlichen Spieltrieb ansprechen und dadurch auch monotone Aufgaben Spaß machen. Ziel der Gamification ist also eine Steigerung der Motivation und ggf. eine Verhaltensänderung bei den Beteiligten.

Genetische Optimierung: Ziel der genetischen Optimierung ist es, mit Hilfe medizinischer Technologien genetische Dispositionen zu beeinflussen. Als störend betrachtete Dispositionen des genetischen Materials – wie beispielsweise eine Anlage zu bestimmten Krankheiten – sollen vorgebeugt oder gar ausgeschaltet werden. Der technische Eingriff in die DNA eines Lebewesens soll weiterhin die biologische Fitness erhöhen und ggf. gezielt erwünschte Eigenschaften bei dem betreffenden Lebewesen herbeiführen. Erste Schritte in diese Richtung sind in Bezug auf den Menschen zum

Beispiel DNA-Sequenzierungen, die immer kostengünstiger angeboten werden.

Hypersensibilität, auch Hochsensibilität; Neuropsychologisches Phänomen. Menschen mit Hypersensibilität nehmen pro Zeiteinheit mehr Informationen wahr.

Digital Self Defense: dt. Digitale Selbstverteidigung; Bezeichnung für ein Konzept zum Schutz der eigenen Daten durch die Kontrolle, welche Daten und Informationen zu eigenen Person wie und wo verwendet werden.

Meteoriteneinschlag: Ereignis, bei dem ein Festkörper aus dem Weltall die Erdatmosphäre durchdringt und entweder auf dem Erdboden oder auf dem Wasser auftrifft. Je Materialzusammensetzung kann der Meteorit im Ganzen oder in Teilen auftreffen. Je nachdem, welche Größe der Meteorit aufweist oder wo der Meteorit einschlägt, ist die Gefährdungslage und Zerstörungskraft unterschiedlich. Eine im März 2017 erschienen Studie der American Geophysical Union geht davon aus, dass in diesem Fall genug Energie für einen Tsunami freigesetzt würde, insgesamt aber weniger Menschen sterben als bei einem Einschlag auf dem Erdboden.

Klimaschutzplan 2050: Formulierung von Klimaschutzmaßnahmen der Bundesregierung aus CDU, CSU und SPD der Bundesrepublik Deutschland von November 2016. Der Klimaschutzplan ist angelehnt an das Übereinkommen von Paris. Zentrales Element ist das Leitbild der weitgehenden Treibhausgasneutralität für Deutschland bis Mitte des 21. Jahrhunderts.

Künstliche Intelligenz (KI), engl. AI ("artificial intelligence"). Der Begriff wurde von dem amerikanischen Informatiker John McCarthy erfunden. Auf einer von ihm so betitelten Tagung 1956 diskutierten Forscher erstmals über Computer, die Aufgaben lösen sollten, welche über das reine Rechnen mit Zahlen hinausgingen – z.B. Texte analysieren, Sprachen übersetzen oder Spiele spielen. KI bezeichnet folglich die Fähigkeit digitaler Computer oder computergesteuerter Roboter, Aufgaben zu lösen, die normalerweise mit den höheren intellektuellen Fähigkeiten von Menschen in Verbindung gebracht werden. Um ein Maß dafür zu haben, wann die Intelligenz einer Maschine nicht mehr von der eines Menschen zu unterscheiden ist, entwickelte Alan Turing den nach ihm benannten Turing-Test. Kann ein Fragesteller nicht mehr mit Sicherheit sagen, ob ihm ein Mensch oder eine KI antwortet, so ist nach Turing das Denkvermögen einer Maschine der eines Menschen ebenbürtig. Bisher konnte noch keine Maschine diesen Test zweifelsfrei bestehen. Der Begriff der KI wird breitbandig verwendet und findet in unterschiedlichen Systemen Anwendung. Beispielsweise operiert Amazons Sprachassistenz Alexa mit einem KI-Programm. Ein weiteres Beispiel für eine KI ist IBM-Watson. Auch in humanoiden Robotern wie Pepper & Nao oder in autonomen Fahrzeugen sind KI's integriert. Eine zentrale Rolle für die Weiterentwicklung von KI's spielt das Deep Learning-Verfahren.

Künstliche Gebärmutter: 2017 haben Wissenschaftler in den USA Experimente mit einer künstlichen Gebärmutter durchgeführt: Acht Lämmer wurden wochenlang in sogenannten Biobags (eine Kunststofftasche mit künstlicher Nabelschnur und künstlichem Fruchtwasser) gehalten und maschinell bis zur Geburtsreife herangezogen. Forscher erhoffen sich mit diesem Verfahren in der Zukunft das Leben von zu früh geborenen Babies zu retten.

Mind upload: Auch "brain upload" genannt. Beim mind upload wird hypothetisch angenommen, dass sich das menschliche Gehirn mit all seinen Informationen digital nachbilden lässt, also auf einem Computer "hochgeladen" werden kann. Dadurch soll es möglich sein, ein virtuelles Bewusstsein zu erlangen, ein "digitales Ich" ohne Körper.

Multiple Sklerose: Die multiple Sklerose (MS) oder Encephalomyelitis disseminata (ED) ist eine chronisch-entzündliche neurologische Erkrankung. Bei ihr werden die Markscheiden angegriffen, welche die elektrisch isolierende äußere Schicht der Nervenfasern im Zentralnervensystem (ZNS) bilden. Die genauen Ursachen dieser „Entmarkungserkrankung" sind noch nicht geklärt. Die MS ist neben der Epilepsie eine der häufigsten neurologischen Krankheiten bei jungen Erwachsenen und gilt als nicht heilbar, jedoch kann der Verlauf durch verschiedene Maßnahmen oft günstig beeinflusst werden.

Neuroimplantat: Neuroimplantate sind technische Systeme, welche einen Kontakt zwischen einem künstlichen Material beziehungsweise technischen Geräten und Nervenzellen des Rückenmarks oder Gehirns herstellen. Diese Schnittstelle ermöglicht die Steuerung des Implantats aufgrund des Aktionspotentials von Nervenzellen.

Neosexuelle Revolution: Der Begriff bezieht sich auf einen kulturellen Wandel in Bezug auf Sexualität allgemein und auf die Geschlechter. Unter der neosexuellen Revolution wird eine Bewegung genannt, die der Vielfalt der Wahrnehmung des eigenen Geschlechts Rechnung trägt. Transgender und male-male sind dabei zwei Kategorien.

Pariser Abkommen, Übereinkommen von Paris: Vereinbarung von 195 Mitgliedsstaaten des Rahmenübereinkommens der Vereinten Nationen über Klimaänderungen. Das Übereinkommen wurde als Nachfolger des Kyoto-Protokolls auf der UN-Klimakonferenz in Paris am 12. Dezember 2015 verabschiedet. Es trat am 4. November 2016 in Kraft. Ziel ist es beispielsweise, den weltweiten Anstieg der Temperatur auf 1,5 Grad zu begrenzen.

Predictive Politics: dt. vorausschauende Politik; Auf Daten basierende Politik. Durch Erfassung von verschiedenen Daten beispielsweise von Einzelpersonen können anhand von Variablen künftige Wahrscheinlichkeiten berechnet werden. Damit ist es möglich, zukünftige Einstellungen zu bestimmten politischen Entscheidungen vorherzusagen.

Quantencomputer, auch Quantenrechner: Bezeichnet einen Computer, welcher Rechenoperationen auf Basis von Zuständen kleinster Teilchen wie beispielsweise Molekülen, Atomen, Elektronen und Protonen ausführt. Da diese Bestandteile physikalischer Objekte sowohl Wellen- als Teilcheneigenschaften besitzen, folgen sie anderen Gesetzmäßigkeiten als Objekte der klassischen Physik und Informatik. Die kleinste Einheit des Q.s ist der Qubit. Zusätzlich zum uns bekannten Binärsystem (0 und 1) kann der Qubit einen beliebigen Zwischenzustand zwischen Null und Eins einnehmen. Dieser Zustand heißt Superposition. Dieser ermöglicht, dass sich die Rechenleistung für bestimmte Rechenoperationen enorm steigern kann.

Quantenphysik, auch Quantenmechanik: Teilgebiet der modernen Physik, welche sich mit den kleinsten Teilchen wie beispielsweise Molekülen, Atomen, Elektronen und Protonen und deren Wechselwirkungen befasst.

Roboter: Der Begriff des Roboters umfasst eine große Bandbreite an Roboterarten. Grundsätzlich handelt es sich um Maschinen, die programmiert werden und Bewegungen ausführen. Es kann sich z.B. um Industrieroboter handeln, die universell einsetzbare Bewegungsautomaten sind. Sie können mit Greifern, Werkzeugen u.ä. ausgerüstet Fertigungsaufgaben erledigen. Es gibt aber auch humanoide Roboter. Die Konstruktion eines solchen Roboters ist i.d.R. einer menschlichen Gestalt nachempfunden, ebenfalls sind seine Gelenke und Bewegungsabläufe von denen des Menschen inspiriert. In Kombination mit einer künstlichen Intelligenz sind solche humanoiden Roboter in der Lage zu lernen und mit anderen zu interagieren.

Seamless mobility: dt. reibungslose oder nahtlose Mobilität; Bezeichnet ein Mobilitätskonzept, in dem das Umsteigen auf unterschiedliche Mobilitätsangebote durch fehlende Wartezeiten und Informationen in Echtzeit gekennzeichnet ist.

Tiefenhirnstimulation (THS): engl. deep brain stimulation. Die THS ist ein neurochirurgisches Verfahren, das zur Therapie bestimmter neurologischer Erkrankungen – vorwiegend der Parkinsonerkrankung (Morbus Parkinson) – eingesetzt wird. Bei der THS werden dem erkrankten Patienten Elektroden (Sonden) direkt in das Gehirn eingeführt. Mittels der Elektroden werden durch gezielte Stromstöße bestimmte Hirnregionen gehemmt, wodurch die durch die Krankheit verursachte Imbalance zwischen den Neurotransmittern kompensiert wird. Populärwissenschaftlich wird die THS auch als Hirnschrittmacher bezeichnet.

Transkranielle Magnetstimulation (TMS): Die TMS ist eine Technologie, bei der durch starke Magnetfelder Bereiche des Gehirns von außen stimuliert oder gehemmt werden können. Die

Neuronen im Gehirn werden dadurch gezielt beeinflusst. Die TMS wird seit einigen Jahren in der Neurologie und der Psychiatrie angewendet. U.a. erhoffen sich Forscher davon moderne Therapieansätze z.B. zur Schmerzlinderung oder der Minderung von Depressionen. Denken und Lernen sollen dadurch gefördert werden.

Transhumanismus: Es handelt sich um eine philosophische Denkrichtung, die die Grenzen menschlicher Möglichkeiten mit Hilfe von Technologie erweitern will – sei es intellektuell, körperlich oder psychisch.

Vitalparameter: Vitalparameter spiegeln die Grundfunktionen des menschlichen Körpers wider. Dazu zählen z.B. die Messwerte von Blutdruck, Atemfrequenz oder Körpertemperatur. Hierbei handelt es sich um direkte Messungen. Vitalparameter können aber auch kontinuierliche Messungen wie durch das Elektrokardiogramm (EKG) umfassen.

Virtual Reality: dt. virtuelle Realität, kurz: VR; Bezeichnet die Darstellung und Wahrnehmung einer Umgebung, welche in Echtzeit computergeneriert wird. Dabei ist die virtuelle Umgebung interaktiv und folgt physikalischen Gesetzmäßigkeiten.

Neologismen:

Addabilities: Wortneuschöpfung aus dem englischen Substantiv add-on, dt. Erweiterung, und dem englischen Substantiv ability, dt. Fähigkeit; Bezeichnet Zusatzfähigkeiten, welche sich durch technische Erweiterungen des menschlichen Körpers ergeben.

Botipedia: Schachtelwort, bestehend aus dem engl. Bot für roboter, dt. Roboter, und dem engl. Substantiv Encyclopedia, dt. Enzyklopädie; Bezeichnet eine Online-Enzyklopädie, welche durch automatisierte Computerprogramme geschrieben wird.

Coviditorium: Fiktive Bezeichnung für einen Ort der Wissenschaft und des Lernens in der Zukunft

Crowd lensing: Lehnwort, bestehend aus dem engl. Substantiv crowd, dt. Menge, und dem engl. Substantiv lensing, dt. Linsen; Bezeichnet wie das Lehnwort Public Viewing ein gemeinsames Erlebnis vieler Personen. Durch C.L. wird hervorgehoben, dass es sich dabei um eine augmentierte oder virtuelle Realität handelt. Lensing bezieht sich dabei auf das technische Hilfsmittel, d.h. die Linsen, die ins Auge zu bringen sind.

Crosstalker: Fiktive Berufsbezeichnung. Der Beruf des Crosstalkers ist die Weiterentwicklung des Empathisten, welcher wiederum die Weiterentwicklung eines therapeutischen Berufs darstellt: Eine emotionale Verbindung zwischen unterschiedlichen Spezies wird mit Hilfe von Chips hergestellt, ohne dass die Teilnehmer während des Crosstalks miteinander sprechen müssen. Dadurch wird das Verständnis untereinander gefördert und die Qualität des gesellschaftlichen Zusammenlebens erhöht.

Egokosmos-Scan: Fiktive Agentur, die für Kinder und Jugendliche einen Test anbietet, bei dem alle genetischen Dispositionen und Fähigkeiten des Kindes gescannt werden. Aus den Ergebnissen werden Empfehlungen für die Förderung von Talenten oder für die Vorbeugung von Krankheiten abgeleitet.

Empathist: Fiktive Berufsbezeichnung. Ein Empathist ist in der Lage, unterschiedliche Spezies wie Menschen, Tiere, Roboter und auch künstliche Intelligenzen auf einer emotionalen Ebene zu verbinden. Der Empathist schafft ein tieferes Verständnis untereinander und hilft, Vorurteile zu erkennen und abzubauen.

Genpoolmatching: Fiktive Bezeichnung für eine digitale Agentur oder Plattform in der Zukunft, die für Personen, die sich ein Kind wünschen, den genetisch am besten passendsten Zeugungspartner findet. Der so gefundene Replikationspartner wird als "Match" bezeichnet, von engl. "Zusammenpassen"; "übereinstimmen". Es geht also nicht darum, jemanden zu finden mit dem man eine Liebes- und/oder Sexbeziehung führt (jedenfalls nicht von vornherein), sondern jemanden mit dem man gezielt ein Kind zeugt – i.d.R. durch künstliche Befruchtung – das genetisch die bestmöglichen Voraussetzungen mitbringt.

Hpyothesenbildende Hybrid-KI: Eine hypothesenbildende Hybrid-KI ist ein System, das künstlich intelligente Systeme und die Kraft und besonderen Qualitäten eines Quantencomputers miteinander vereint.

Initiative Pro Lebensverfügung: Fiktive Initiative, die an einem Konzept arbeitet, wie ein Einzelner den eigenen Lebensweg in Bezug auf seine Fortpflanzung bestimmt. Ähnlich einer Verfügung im Krankheitsfall, gibt man eine Erklärung darüber ab, ob und wie viele Kinder man in Zukunft Kinder haben möchte. Das Festlegen auf diese Angabe ist ein bewusster und freiwilliger Beitrag zur Bevölkerungsentwicklung und verhilft zu einer genaueren Berechnung des Bevölkerungswachstums und der Ressourcen.

New Born Life Ranch: Fiktive Bezeichnung für einen Ort, an dem werdende Eltern üblicherweise ihr Kind nach einer künstlichen Befruchtung mit Hilfe einer künstlichen Gebärmutter austragen lassen.

Raumsparvertrag: Fiktive Sparvertragsform, die ähnlich wie ein Bausparvertrag Einzahlungen für ein Leben im Weltraum sammelt.

Sensitivor: Sensorisches Gerät mit Rechensystem, welches Vitaldaten einer Person nach möglichen Stressfaktoren abscannt und bspw. mit Daten der Wohnung der betreffenden Person vernetzt. Der Sensitivor kann dadurch die Umgebung derart anpassen, dass diese auf das Stresslevel der Person reagiert und ihm entgegenwirkt.

Traumtagebuch (Starle/Moon): Kinderspielzeug, bestehend aus einem interaktiven Rechensystem und einer Brille, welche augmentierte Realität darstellen kann. Das Traumtagebuch ist in der Lage Träume als einzelne, dreidimensionale Bilder in der augmentierten Realität darzustellen sowie sich mit anderen Traumtagebüchern zu vernetzen.

Transformationszentrum: Fiktive Bezeichnung für einen Ort, an dem die Entscheidung über Lebenslänge gefällt werden soll.

Fiktive Unternehmensnamen: MobyMe, Mind Y, Easy Mars, BeCo

WISSENSCHAFTLICHES VORGEHEN

Studienteilnehmer:

Studienteilnehmer sind zehn Menschen, die im Jahr 2015 in Deutschland geboren wurden. Die Eltern der Studienteilnehmer setzen sich mit Offenheit und Begeisterung für eine Auseinandersetzung mit Zukunft ein und haben sich bereit erklärt mit diesem Thema in die Öffentlichkeit zu treten.

Kernthemen und Leitfragen:

Insgesamt haben wir sechs Kernthemen definiert, die den Alltag eines Menschen beeinflussen können: Körper, Lernen, Bewegung, Orte, Wege und Beziehungen. Die übergeordnete Leitfrage zu allen Kernthemen ist: Wie wirken sich zukünftige Veränderungen des Bereichs Z auf den Alltag des Menschen Y im Alter X im Jahr W aus?

Die Themenbereiche Körper, Lernen und Bewegung standen im ersten Jahr der Studie im Vordergrund; hierfür wurden für das erste Studienjahr Leitfragen entwickelt, die eine systematische Vorrecherche ermöglichen.

Ein Auszug aus den Leitfragen macht deutlich, unter welchen Gesichtspunkten wir die Themen beleuchten:

Körper: Wie wird eine Geburt in den kommenden 100 Jahren aussehen? Wird unsere Gesellschaft aus genetisch optimierten Kindern neu geformt? Welche Implantate werden wir in unseren Körpern tragen und weshalb? Welche Rolle werden unsere Gesundheitsdaten für wissenschaftlichen Fortschritt und für uns ganz persönlich spielen? Wie wird sich kontinuierliche Präventionsmedizin auf unsere Gesundheit auswirken? Werden wir gar nicht mehr krank? Wie reagiert unser Immunsystem darauf? Welche Krankheiten werden bis 2115 verschwunden sein, welche neuen Krankheiten werden entstehen? Wie werden wir von Robotern im Alltag, bei operativen Eingriffen oder im Alter unterstützt? Wie werden wir als Gesellschaft mit einer längeren Lebenserwartung umgehen? Wer unterstützt uns, wenn wir alt sind? Werden wir nach unserem Tod in Form von Avataren virtuell weiter existieren? Und: Wie möchten wir mit der Möglichkeit umgehen, verstorbene Körper zu reanimieren?

Lernen: Wie werden wir in Zukunft lernen? Werden technische Systeme zu unseren Lehrern werden? Welche neuen Berufe wird es in der Zukunft geben, welche werden verschwinden? Müssen wir in 100 Jahren überhaupt noch arbeiten? Werden wir lernen unsere Motivation zu hacken? Welche Formen von Intelligenz werden sich in den kommenden 100 Jahren neu entwickeln? Werden wir neurologisch und kognitiv optimiert sein? Welche Techniken werden unser Gedächtnis schärfen, welche uns helfen das Vergessen zu erlernen? Und: Was lernen wir aus all diesen Fragen über die Zukunft?

Bewegung: Wie werden wir uns in den kommenden 100 Jahren fortbewegen? Welche neuen Fortbewegungsmittel wird es geben? Wozu müssen wir uns noch räumlich bewegen? Wird Mobilität kostenlos sein? Bedeutet seemless mobility, nie mehr warten zu müssen? Werden autonom fahrende Fortbewegungsmittel selbst Geld erwirtschaften? Welche Energiequellen spielen für die Mobilität der Zukunft eine Rolle? Wie wirken sich neue Mobilitätskonzepte auf die Umwelt aus? Und: Wann werden wir zum Mars reisen?

Systematische Vorrecherche:

In einer systematischen Vorrecherche zu den Kernthemen werden sozio-kulturelle, technologische, ökonomische und politische Faktoren, die einen bestimmten Bereich in der Zukunft verändern könnten, in Form einer Stoffsammlung angelegt. Bei der Vorrecherche werden relevante Suchwörter festgelegt, ein ausführliches Screening von Texten, Studien und Interviews durchgeführt und Ergebnisse prägnant zusammengefasst. In einem kollaborativen Setting werden die Ergebnisse diskutiert. Dieser Schritt dient der Einarbeitung, Diskussion und Fragenerweiterung zum

Kernthema sowie einer ersten Einordnung und Gewichtung von Entwicklungen.

Trendcycle:

Eine der wichtigsten Voraussetzungen für weitere Recherchen ist es, diejenigen Akteure und Experten zu erkennen, die maßgeblichen Einfluss auf kommende Entwicklungen eines Themenbereichs oder Prognosekenntnisse hierzu haben werden. Die Trendcyclemethode nutzt ein Modell, welches Einflusskräfte im Zusammenhang mit einem Themenkomplex in bestehende, treibende und blockierende Einflusskräfte ordnet. Dieser Schritt ermöglicht es, einen facettenreichen Expertenpool zu identifizieren, welcher Veränderungen mit formen wird und Auskunft hierzu geben kann.

Delphi-Methode:

Entwickelt in der Mitte des letzten Jahrhunderts in den USA und nach dem antiken Orakel benannt, findet diese Methode der Zukunftsforscher bei Ermittlungen von Prognosen Verwendung. In einer Delphi-Studie werden mehrere Experten mit spezialisiertem Wissen um ihre Einschätzung gebeten, da in der heutigen, vielschichtigen Zeit kaum mehr ein einzelner Experte in der Lage ist, einen Überblick über mehrere, sich beeinflussende Expertisenfelder zu gewinnen. Die mit der Trendcyclemethode identifizierten Experten werden im Falle der Langzeitstudie mittels der Delphi-Methode in zwei Wellen, mit leitfadengestützten Interviews und einer Online- Umfrage gezielt zur Zukunft des definierten Themenkomplexes befragt. Hieraus ergeben sich Expertenaussagen, die in Thesen übersetzt werden.

Szenariotechnik:

Die in der Delphi-Erhebung gewonnenen Thesen werden in Wissen, Meinung, Vermutung und Spekulation untergliedert und demnach gewichtet auf einem Zeitstrahl 2015-2115 eingeordnet. Der Zeitstrahl ist Grundlage für die Komposition unterschiedlicher und möglicher Entwicklungspfade. Im Rahmen der Langzeitstudie wird der Zeitstrahl kontinuierlich erweitert und aktualisiert.

Mittels der Szenariotechnik werden unterschiedliche Bedingungsketten gebildet, die zu spezifischeren Entwicklungen führen. Die 100 Jahre-Dimension der Langzeitstudie macht es erforderlich, hierbei verschiedene Pfade zu formen.

Wir konzipieren insgesamt zehn Pfade für zehn Protagonisten, die, wie es bei der Szenariotechnik gängig ist, Veränderungsintensitäten in Form von Referenz-, Haupt- und Wildcardszenarien modellieren. Zwei Referenzszenarios bilden hierunter einen gemeinsamen Bezugsrahmen, die gut vorhersehbare Entwicklungen in der näheren Zukunft beinhalten sowie die geringste Veränderungsintensität aufweisen. Stärkere Veränderungsintensitäten werden in unseren sechs Hauptszenarien sichtbar. Bei Hauptszenarien heben sich Vorbedingungen voneinander ab, was die Vergleichbarkeit mit dem Referenz- und anderen Hauptszenarien ermöglicht. In zwei Wildcard-Szenarien werden extrem starke Veränderungen behandelt, die großen Einfluss auf das Gesamtgeschehen haben, deren Eintrittszeitpunkt nicht vorhersehbar ist, die Eintrittswahrscheinlichkeit jedoch hoch ist. Erdbeben, Meteoriteneinschläge oder eine Pandemie sind Beispiele für Wild Cards.

Die zehn resultierenden Szenarios, bestehen aus zeitlich geordneten Bedingungsketten, stellen den Bezugsrahmen für unsere zwanzig Einzelfalldarstellungen in Form von Alltagsgeschichten dar, je zwei Geschichten pro Szenario. Die narrativ-kreativen Geschichten erzählen über den Umgang unserer Protagonisten mit den angenommenen Entwicklungen und Veränderungen im Alltagskontext.

Anmerkung:

Wir werden weder Berichte über private Entwicklungen der Studienteilnehmer geben, noch deren persönlichen Lebensweg der Zukunft festschreiben. Die Studienteilnehmer werden mit uns in aktivem Austausch stehen und überprüfen, ob sich Prognosen zur Lebenswelt der Zukunft bestätigen, ob diese verändert werden müssen und in welchen Feldern sich Prognosekompetenzen verdichten. Wir berücksichtigen in den Geschichten Vielfalt von Menschen- und Weltbild, indem wir Charaktereigenschaften der Protagonisten divers und unabhängig von deren Persönlichkeit anlegen und erleichtern eine intuitive, emotionale und breitbandige Ankopplung und Immersion an Person, Kontext und Situation.

Ziele:

Hauptziel der Langzeitstudie ist es, plastisch nahbare Denkmodelle über Zukunft zur Verfügung zu stellen. Jährlich werden zwanzig neue Zukunftsgeschichten veröffentlicht, die eine Vielzahl von Fragen evozieren und eine Grundlage zum Aufbau von Diskurs über Zukunft und deren Gestaltbarkeit schaffen.

Die Ausgangsfragestellung der Langzeitstudie ist: Wie werden wir leben? Wie wollen wir leben? Das heißt im Rahmen des Vorhabens genauer: Wie wirken sich zukünftige Veränderungen auf den Alltag des Menschen X im Alter Z im Jahr Y aus?

Die Langzeitstudie modelliert eine Vielzahl möglicher Zukünfte, die in den nächsten 100 Jahren auf uns zukommen könnten. Diese werden jedes Jahr erweitert und fortgeschrieben. Die Übersetzung der jährlich neu entstehenden Zwischenergebnisse in Alltagsgeschichten von real existierenden Menschen erlaubt es, sich Zukunftsszenarien plastisch und nahbar vorzustellen. Situationen und Kontexte können dadurch konkret und personifiziert miterlebt werden und eine aktive Auseinandersetzung mit relevanten Zukunftsfragen und Diskursen verstärken.

Ein weiteres Ziel ist es, durch die jährliche Wiederholung von Befragungen von mindestens 100 Experten ein facettenreiches Zukunftsbild offen und modifizierbar zu halten. Der thematischen Vielfalt entsprechend greifen wir auf eine breite Basis zurück: Die Anzahl an Fachleuten umfasst in den ersten fünf Jahren bereits 500 Personen (100 pro Jahr). Auch später bleibt die Studie ein Dialog: Nach fünf Jahren geben wir den Experten, die im ersten Jahr an den Befragungen teilnahmen, die Möglichkeit, ihre Prognosen zu erweitern und dem Lauf der Zeit anzupassen. Ab diesem Zeitpunkt bietet die Studie wertvolle Einsichten über die Prognosekompetenzen in den verschiedenen Bereichen der Gesellschaft. Dieser Schritt wird des Weiteren nach zehn und fünfzehn Jahren erfolgen und zeigen, welche Prognosen sich verstärken, welche fehlen, und welche nicht eingetreten sind.

Finanzierung:

Die Langzeitstudie „Die Zukunft deiner Kinder" wird durch den 2b AHEAD Partnerbeirat unterstützt.

AUSZUG EXPERTEN

Dr. Greg Adamson
Associate Professor- University of Melbourne
Principal, Digital Risk Innovation: Cyber Security, Blockchain,
Ethics

Oliver Blume
CEO BoxHotel Holding GmbH, Apoland GmbH &Co KG, Rule-
breaker Society GmbH, Rulebreaker Management GmbH, Blume
Beteiligungs GmbH etc.

Charles Bombardier
President & Founder- Imaginactive

Daniel Chew
Director - Neuromodulation at Galvani Bioelectronics

Brady Davis
Vice President, Strategy & Marketing - DNAnexus

Bruce Duncan
Managing Director of the Terasem Movement Foundation-
Terasem Movement Foundation Inc.

David Eggert
Professor für Violoncello bei Hochschule für Musik Bern

Dr. Ulrich Eberl
Zukunftsforscher & Geschäftsführer- SciPress Redaktionsbüro für
Wirtschaft, Wissenschaft, Technik
Autor von u.a. „Zukunft 2050" und „Smarte Maschinen"

Pascal Finette
Vice President Start-up Solutions & Entrepreneurship Chair-
Singularity University

Martin Gaedt
Entrepreneur, Founder & Ideenfitnesstrainer- Provotainment, Go-
forteam, Sharetrust & cleverheads

Georg Gesek
Founder, CEO- Novarion Systems GmbH

Jan-Philipp Gutt
Vorstand- Freiwillige Helfer/-innen auf ökologischen Höfen e.V.
(Wwoof e.V. Deutschland)

Jonathan Hegranes
Co-Founder & CEO- Kittyhawk iO

Si Ho
Founder & Chair- TravelSpirit Foundation

Philipp Höllermann
CEO- COGNOS IT Services
Hochschulforum Digitalisierung - Experte
Netzwerk Digitale Bildung - Experte
bitkom Innovationspreis für digitale Bildung (delina) – Jury

Valentin Jahn
Expert Digital Mobility, Founder & CEO- CAR2AD | MDL Mo-
bility Data Lab GmbH

Jade Le Maitre
CTO & Co-Founder- Hease Robotics

John Des Jardins
Technology Visionary & Strategist- Cloudera

Dr. Simon Kos
Chief Medical Officer- Microsoft

Prof. Dr. Florian Krummheuer
Lehrstuhl Mobilitätsmanagement und Verkehrswirtschaft Hochschule Rhein/Main

Dr. Max Kury
Managing Director- Ubeeqo GmbH (A Europcar Company)

Julia Lampert
Senior Researcher- 2b AHEAD ThinkTank- Teilnehmerin Langzeitstudie

Thorsten Leimbach
Bereichsleiter Educational Learning
Fraunhofer-Institut für Intelligente Analyse- und Informationssysteme IAIS

Christian Maertins
New Mobility Evangelist, Digitalisierung – Smart Mobility-Volkswagen AG

Dr. Vivienne Ming
Founder & Executive Chair, Socos Labs
Board of Directors, enGender, Chief Science Advisor, Shiftgig

Gerd Overbeck
Mobility Project Manager- Arriva Group

Jowan C. Österlund
Founder, CEO & Chairman- Biohax international

Micha Pallesche
Rektor der Ernst-Reuter-Schule Karlsruhe
(Auszeichnung als erste Smart School Baden-Württembergs)
Mitbegründer Innovation Lab

Ira S. Pastor
CEO- Bioquark Inc.

Julia Plevin
Author and designer, founder of The Forest Bathing Club

Mathias Quetz
Teamleiter Digitale Projekte und Innovationen- Berliner Verkehrsbetriebe (BVG) - AöR

Prof. Dr. Christian Stamov Roßnagel
Professor für Organisationspsychologie
Jacobs University Bremen GmbH

Ben Rouse
UK Director
AppsEvents - Google Professional Development Partner

Dr. Carola Rupprecht
Leiterin Bildung & Vermittlung- Deutsches Hygiene-Museum Dresden

Jörg Schumacher
Leiter Stadtmedienzentrum Karlsruhe

Alireza Shabani
CEO & Founder- Qulab Inc.

Harvey Seifter
Director &Principal Investigator- Art of science learning

Jelena Seng
Art Curator

Hannes Sjöblad
Advisor & Investor- Human Augmentation and Biohacking

Rainer Stoll
Founder & CEO- travel-to-nature GmbH

Marcus Starzinger
Leiter Bildung und Vermittlung DASA Arbeitswelt Ausstellung, Dortmund

Pernille Tranberg
Advisor in Dataethics
Co-founder of the thinkdotank DataEthics.eu

Prof. Dr. Claus Wilhelm Turtur
Lehrstuhl für Experimentalphysik, Laborleiter Elektroakustik

Ostfalia Hochschule für angewandte Wissenschaften

Erwin van Lun
Founder & CEO- Chatbots.org

Prof. Dr. Jürgen Wagenmann
Institutsleiter Steinbeis-Transfer-Institut
Internationale Bildung der Steinbeis-Hochschule Berlin [SHB]

Dr. Stefan Wess
Geschäftsführer- empolis

LITERATURVERZEICHNIS

Ariely, Dan (2009). Predictably irrational. New York: Harper Collins.

Ayan, Steve (2016). Die Vorteile des Tagträumens. In: Spektrum.de URL: http://www.spektrum.de/news/das-gehirn-beim-tagtraeumen/1401860

Bidshahri, Raya (2017). These 5 Big Tech Trends Are Changing the Way We Learn. In: Singularity Hub. URL: https://singularityhub.com/2017/05/02/these-5-big-tech-trends-are-changing-the-way-we-learn/.

Bostrom, Nick (2016). Superintelligence: Paths, dangers, strategies. Oxford: Oxford University Press.

Bundesministerium für Umwelt, Naturschutz, Bau und Reaktorsicherheit (2016): Klimaschutzplan 2050. Klimaschutzpolitische Grundsätze und Ziele der Bundesregierung. Rostock: Publikationsverband der Bundesregierung. URL:
http://www.bmub.bund.de/fileadmin/Daten_BMU/Download_PDF/Klimaschutz/klimaschutzplan_2050_bf.pdf

Cabrera, Laia et al. (2016): KAVLI HUMAN PROJECT Documentary. Directed and Edited by Laia Cabrera & Co (Regie). New York. URL: https://www.youtube.com/watch?v=-f3NpFyO5iY.

Grandits, Ernst A. et al. (2012). 2112 - die Welt in 100 Jahren. Hildesheim: Olms.

Harari, Yuval Noah (2016). Homo Deus: A Brief History of Tomorrow. London: Harvill Secker.

Haring, Bas (2005). Sind wir so schlau, wie wir denken? Der Wettstreit zwischen künstlicher und menschlicher Intelligenz. Berlin: List.

Heß, Anne; Polst, Sevenja (2017). Mobilität und Digitalisierung: Vier Zukunftsszenarien.
Gütersloh: Bertelsmann Stiftung. URL: http://www.bertelsmann-stiftung.de/de/publikationen/publikation/did/mobilitaet-und-digitalisierung-vier-zukunftsszenarien/

Glover, Jonathan (2001). Humanity. A moral history of the twentieth century. New Haven, CT: Yale University Press.

Heinrich, Christian (2012): Langzeitstudie. Wie ein glückliches Leben gelingt. In: SPIEGEL ONLINE. URL: http://www.spiegel.de/gesundheit/psychologie/grant-studie-wie-ein-zufriedenes-leben-gelingt-a-851729.html.

Iyer, Vikram et al. (2016). Inter-Technology Backscatter: Towards Internet Connectivity for Implanted Devices. URL: http://interscatter.cs.washington.edu/files/interscatter.pdf.

Illich, Ivan (2003). Entschulung der Gesellschaft. Eine Streitschrift. 5. Aufl. München: Beck.

Jánszky, Sven Gábor; Abicht, Lothar (2013). 2025. So arbeiten wir in der Zukunft. Berlin: Goldegg-Verlag.

Kahnemann, Daniel (2011). Thinking, fast and slow. Penguin Group, London.

Kaplan, Jerry (2017). Künstliche Intelligenz. Eine Einführung. 1. Aufl. Frechen: MITP.

Knauer, Roland (2017). Meteoriten-Einschlag vor 66 Millionen Jahren - Und dann kam die Kälte. In: www.tagesspiegel.de URL: http://www.tagesspiegel.de/wissen/meteoriten-einschlag-vor-66-millionen-jahren-und-dann-kam-die-kaelte/19359786.html

Lindsay, Greg (2016). Now Arriving: A Connected Mobility Roadmap for Public Transport. Montréal: New Cities Foundation, URL: http://bit.ly/NCFConnectedMobility

Nesse, Randolph M.; Williams George C. (1996). Why we get sick - The new science of Darwinian Medicine. Vintage Books, Randome House. New York.

Packer, George (2011). The Unwinding- Thirty Years of American Decline. London: Faber & Faber Ltd.

Palacios-Huerta, Ignacio (2013). In 100 years. Leading economists predict the future. Cambridge, Massachusetts: MIT Press.

Neurowissenschaftliche Gesellschaft e.V. (2015). Was können Spiegelneuronen leisten? In: www.dasgehirn.info. URL: https://www.dasgehirn.info/aktuell/frage-an-das-gehirn/was-koennen-spiegelneurone-leisten?gclid=CIPyxISC7s8CFQw8GwodIxkPPw

Polke-Majewski, Karsten (2012): Zukunftsforschung: Warum wir das Unmögliche wagen. ZEIT ONLINE wirft in der Themenwoche Geboren 2012 den Blick nach vorn. In: ZEIT ONLINE. URL:http://www.zeit.de/wissen/2012-02/geboren-2012-essay/komplettansicht.

Perkel, Jeffrey M. (2017). Cell engineering: How to hack the genome. In: NATURE , 547. pp. 477-479. URL: https://www.nature.com/articles/547477a.

Pütter, Christiane (2009). Von der Analyse zu Strategie-Werkzeug. SWOT weitergedreht zu STEP und PESTLE. Online verfügbar unter https://www.cio.de/a/swot-weitergedreht-zu-step-und-pestle,874851.

Rumpf, Clemens et al. (2017). Asteroid impact effects and their immediate hazards for human populations. In: Geophysical Research Letters, (44:8); pp. 3433-3440. URL: http://news.agu.org/press-release/new-study-ranks-hazardous-asteroid-effects-least-destructive/

Rodriguez-Martin JL et al. (2002). Transcranial magnetic stimulation (TMS) for depression. In: Cochrane Database of Systematic Reviews (2001:4). URL:

http://www.cochrane.org/CD003493/DEPRESSN_transcranial-magnetic-stimulation-tms-for-depression

Schaible, Ira (2015). Beziehungsleben der Zukunft: Paare organisieren Sex und Partnerschaft neu. In: STERN.de. URL: https://www.stern.de/panorama/gesellschaft/beziehungsleben-der-zukunft-paare-organisieren-sex-und-partnerschaft-neu-3849420.html

Singer, Peter (2016). Ethics in the real world. 82 Brief Essays on Things That Matter. Princeton University Press, Princeton, New Jersey.

Schlaepfer, Thomas E. et al. (2003). Efficacy of Repetitive Transcranial Magnetic Stimulation (rTMS) in the Treatment of Affective Disorders. In: Neuropsychopharmacology, 28, pp. 201–205. URL: https://www.nature.com/articles/1300038

Statistisches Bundesamt (Hrsg.) (2015). Bevölkerung Deutschlands bis 2060. 13. Koordinierte Bevölkerungsvorausberechnung. Wiesbaden. URL: https://www.destatis.de/DE/PresseService/Presse/Pressekonferenzen/2015/bevoelkerung/Pressebroschuere_Bevoelk2060.pdf?__blob=publicationFile

Stadler, Max (2013). Der Geist des Users Oder: vom Ende des ‚Boole'schen Traums. In: Stadler, M. et al. (Hrsg.): Nach Feierabend. Züricher Jahrbuch für Wissenschaftsgeschichte 9 – Digital Humanities. pp. 55-77. URL: https://www.ethz.ch/content/dam/ethz/special-interest/gess/wiss-dam/documents/personen/stadler/2013_geist_des_users_01.pdf

Stone, Peter et al. (2016). Artificial Intelligence and Life in 2030. One Hundred Year Study on Artificial Intelligence: Report of the 2015-2016 Study Panel, Stanford University, Stanford, CA, September 2016. URL: http://ai100.stanford.edu/2016-report

Steinmüller, Karlheinz (1997). Grundlagen und Methoden der

Zukunftsforschung. Szenarien, Delphi, Technikvorausschau. In:
Werkstattbericht 21, SFZ. Gelsenkirchen.

Theobald, Elke (2016). PESTEL-Analyse. Die wichtigsten Ein-
flussfaktoren der Makroumwelt. URL:
https://www.management-
monitor.de/de/infothek/whitepaper_pestel_Analyse.pdf.

Waldinger, Robert (2016). What makes a good life? Lessons
from the longest study on happiness. In: TED TALKS. URL:
https://www.youtube.com/watch?v=8KkKuTCFvzI.

ÜBER UNS

Der 2b AHEAD Think Tank

2b AHEAD ist inzwischen das größte unabhängige Zukunftsforschungsinstitut Europas. Der wissenschaftliche Anspruch, die breite Vernetzung in die Wirtschaft und die internationalen Treiber des digitalen Wandels, der starke Drang zur Umsetzung unserer Erkenntnisse in Geschäftsmodelle und neue Unternehmensstrukturen zeichnen unsere Arbeit aus. Unsere Beobachtung: Gesellschaftlich sind wir sehr viel stärker darauf fokussiert, positive Bilder der Vergangenheit zu beschwören, als konstruktiv in die Zukunft zu schauen. Die Studie soll einen wesentlichen Beitrag dazu leisten, die unterschiedlichen Zukunftsbilder in der Gesellschaft aufzuzeigen und miteinander in einen konstruktiven Zukunftsdialog zu bringen. Wir wollen möglichst breit über Zukunft sprechen, um sie zu gestalten.

Michael Carl leitet als Managing Director Research & Consulting den Forschungsbereich beim 2b AHEAD ThinkTank. Er verantwortet die methodische und inhaltliche Konzeption der Zukunftsstudien, betreut deren Realisierung und leitet die Entwicklung individueller kundenspezifischer Strategieempfehlungen. Er ist gefragter Keynote-Speaker zu Trend- und Zukunftsthemen. Nach seinem Studium der Theologie in Deutschland und Großbritannien war Michael Carl journalistisch tätig und hat als Redakteur und Moderator bei verschiedenen öffentlich-rechtlichen und privaten Radiosendern gearbeitet. Auf einige Jahre als persönlicher Referent einer ARD-Hörfunkdirektorin folgte der Wechsel in den Entwicklungsbereich. Zunächst baute er das Strategiebüro des Rundfunk Berlin-Brandenburg auf und war als dessen Leiter verantwortlich für große Struktur-, Strategie- und HR-Projekte. Darüber hinaus war er als selbständiger Berater für Strategie- und Organisationsentwicklung tätig. Seine Leidenschaft gehört der Musik und seinem Literatur-Blog.

Das Langzeitstudien- Team

Dr. Florina Speth ist Senior Researcher beim 2b AHEAD Think-Tank und ist Projektleiterin dieser Langzeitstudie. Sie promovierte im Bereich der Rehabilitationsrobotik und Neuromusikologie an der Humboldt Universität zu Berlin, war als Research Assistant an der ETH Zürich am Institute of Robotics, Sensory Motor Systems Lab sowie an der Neurologischen Rehabilitationsklinik Beelitz-Heilstätten tätig. Im Alter von 10 Jahren begann sie Cello und Klavier am Mozarteum Salzburg zu studieren. Heute komponiert sie vor allem: Immer noch ist das Cello dabei, hinzu haben sich Musikroboter, Synthesizer und andere Elektronika gesellt.

Eva Maria Posch ist Research Volontärin beim 2b AHEAD ThinkTank. Zuvor arbeitete sie im Bereich Geistiges Eigentum und gewerblicher Rechtsschutz. Sie studierte Philosophie und Germanistik an der Exzellenzuniversität TU Dresden und mochte vor allem die interdisziplinären Ansätze. In ihrer Freizeit liest fährt sie Fahrrad, spielt Billard und führt Selbstverteidigungskurse durch.

Eva Siggelkow ist Research Volontärin beim 2b AHEAD Think-Tank. Sie studierte Eva Siggelkow Philosophie und Kommunikationswissenschaften an den Universitäten Greifswald, Münster und Padua. Früh sammelte sie Erfahrungen in der Öffentlichkeitsarbeit, im Kulturbereich und im Museumsbetrieb, so bei den Staatlichen Kunstsammlungen Dresden, beim Centre franco-allemand de Provence in Südfrankreich und beim Hygiene Museum Dresden. Sie ist aktives Mitglied des Vereins DenkWelten – Deutsches Museum für Philosophie. In ihrer Freizeit fährt sie Longboard, reist und lebt ihre Kreativität beim Zeichnen oder Schreiben aus.

Elena Beck ist als Senior Project Manager bei 2b AHEAD. Zuvor arbeitete sie als Eventmanagerin bei verschiedenen Unternehmen im Kölner Raum für die Bereiche internationaler Austausch, politische Bildung, Nachhaltigkeit und Medizin. Während ihres Studiums der Anglistik, Germanistik und Musikwissenschaften an der RFWU Bonn engagierte sich im Vorstand einer internationalen Studentenorganisation. Elena Beck singt im Leipziger Jazzchor Chornfeld und ist Teil des Ensembles der Rock'n Rollator Show in Bonn.

2b AHEAD PARTNERBEIRAT

Der 2b AHEAD ThinkTank versammelt jene Unternehmen, mit denen er längerfristig und kontinuierlich zusammenarbeitet, in seinem Partnerbeirat. Dieser ist ein Kooperationsgremium im Sinne der gegenseitigen inhaltlichen Begleitung. Der Beirat ermöglicht diese Langzeitstudie finanziell und begleitet sie.

Zu den Mitgliedern des 2b AHEAD Partnerbeirats zählen unter anderem diese Unternehmen:

- AOK PLUS
- B2X Care Solutions
- DATEV
- Dennemeyer. The IP Group
- E.ON SE
- inpraxi
- Kantar TNS Infratest
- Kienbaum
- Teradata
- Volksbank Mittweida